全国教育科学规划立项课题"我国中小学STEM教师合作培养的机制及策略研究"（国家一般项目）成果

美国中小学STEM 教师协同培养

吴慧平　著

WUHAN UNIVERSITY PRESS
武汉大学出版社

图书在版编目(CIP)数据

美国中小学 STEM 教师协同培养/吴慧平著.—武汉：武汉大学出版社,2024.6

ISBN 978-7-307-24311-8

Ⅰ.美… Ⅱ.吴… Ⅲ.创造教育—中小学—师资培训—研究—美国 Ⅳ.G632.0

中国国家版本馆 CIP 数据核字(2024)第 050207 号

责任编辑:沈继侠　　　责任校对:鄢春梅　　　版式设计:马　佳

出版发行：**武汉大学出版社**　　(430072　武昌　珞珈山)

（电子邮箱：cbs22@ whu.edu.cn　网址：www.wdp.com.cn）

印刷:广东虎彩云印刷有限公司

开本:720×1000　1/16　印张:12.5　字数:201 千字　插页:1

版次:2024 年 6 月第 1 版　　2024 年 6 月第 1 次印刷

ISBN 978-7-307-24311-8　　定价:58.00 元

目　　录

第一章 STEM 教育与 STEM 教师

STEM 教育之所以重要，是因为我们的世界依赖它，现代社会的经济发展主要由科学、技术、工程和数学领域的知识成果来推动。STEM 侧重于以一种模拟现实生活情境的方式传授知识和技能。通过 STEM 教育，学生掌握了科学知识和思维方法，并将之应用于现实世界的问题解决。STEM 教育培养批判性思考者，提高其科学素养，并培养未来社会的创新者。随着越来越多的人认识到 STEM 教育的重要性，人们开始寻找能够更好地将 STEM 教育带入每个课堂的解决方案。2022 年 12 月 7 日，美国联邦教育部在华盛顿举办"你属于 STEM（You Belong to STEM）"的协调会议，拜登-哈里斯政府的关键举措就是发布《提高标准：面向所有学生的 STEM 卓越倡议》（*Raise the Bar：STEM Excellence for All Student Initiative*）。该倡议旨在加强美国学生的 STEM 教育，实施和扩大公平、高质量的 STEM 教育，面向从学前教育到高等教育的所有学生，无论其背景如何，以确保他们为 21 世纪的职业生涯做好准备，并具有全球竞争力。

第一节 STEM 教育的概念阐释与历史溯源

在科技创新实力竞争日益激烈的当今世界，STEM 教育对于国家、社会以及个人发展的重要性已是不言而喻。即便 STEM 在学界已是一个耳熟能详的术语，但是仍然有人对 STEM 教育的理解比较模糊，不知道它到底是一门单独学科还是几门学科的混合，作为一种新型的科学教育活动，它具有什么样的特征与价值。因此在对 STEM 教育及 STEM 教师进行深入研究之前，我们还是很有必要对 STEM 教育的概念内涵及其历史轨迹展开简要陈述。

一、STEM 教育的概念阐释

STEM 教育（Science，Technology，Engineering & Mathematics），早在 20 世纪 90 年代就被美国国家科学基金会（National Science Foundation，NSF）所倡导，最初以 SMET（Science、Mathematics、Engineering、Technology）字母组合形式开启对科学与数学课程的革新之路，纠正以往学校教育忽视工程与技术教育的传统做法。[1]NSF 在 21 世纪初将该字母组合调整为 STEM，倡导将科学、技术、工程和数学教育作为一个整体来教，让学生更深刻地意识到，生活中的现实问题必须整合不同学科的知识与技能才能解决，这也是在日益复杂的全球化进程中，学校教育为年轻人应对未来挑战做好知识与技能方面的准备所采取的一种创新措施。因此，我们可以将 STEM 理解为一门跨学科的教育活动，融合了科学、技术、工程与数学的学科内容来培养学生的 STEM 素养，使之能适应未来社会的复杂挑战。诺娅·勒蒙在《科学、技术、工程和数学（STEM）教育：要素、考虑因素和联邦战略》一书中对 STEM 教育进行了界定，"STEM 教育"一词是指在科学、技术、工程和数学领域的教学和学习活动，它通常包括所有教育层次，从学前教育到博士后阶段，在正式和非正式学习环境中的各类 STEM 学习机会。[2]

（一）STEM 的学科领域界定

STEM 的四个分支学科——科学、技术、工程和数学是学校教育的主要学习内容，尤其是科学和数学。根据权威英语词典《柯林斯大词典》的释义，科学通常被界定为基于观察、实验和测量，系统地研究物质宇宙和物理宇宙的性质和行为，并形成定律来概括地描述这些事实。[3]数学则是一组彼此相关的分支学科，包括代数、几何和微积分，通过使用专门的符号研究数字、数量、形状和空间及其它们之间的相互关系。[4]技术是研究技术手段的创造和使用及其与生活、社会和环境相互关系的知识分支，融合了工业艺术、工程设计、应用科学和纯科学等学科知识。工程是指实际应用纯科学知识的艺术或科学，如运用物理知识或化学知识来制造有形产品，比如发动机、桥梁、建筑物、矿井、船舶和化工厂的建成。

尽管这些定义是针对 STEM 构成学科的常用或已建立的描述性术语，但

STEM 字母组合显然蕴含着更丰富的教育意义。科学和数学是 STEM 教育的重要前沿阵地，主要是因为这些学科是大多数学生在学校教育中可以涉及的核心科目。技术和工程不仅是教育领域代表性最少的领域，也是教育投入严重不足的领域，特别是在 K-12 教育阶段，教师面临的关键问题是如何将 T 与 E 整合并融入 STEM 教育的课堂教学。

(二)STEM 教育中的 T 与 E

教育学界的学者普遍认为，STEM 教育的"T 和 E"似乎是对 K-12 教育阶段学生形成有意义的 STEM 体验的绊脚石，这可能是由以下几方面的原因导致的：(1)科学和数学是 STEM 教育中拥有较高知名度的学科领域，这些学科领域的大多数教师觉得教授它们不是一件难事。(2)许多非工程或技术领域毕业的教师对在 STEM 教育活动中设计融合工程设计与工程实践的教学过程缺乏自信。(3)虽然工程是一个可识别的词语，大部分教师能够将工程与技术联系起来，但也有部分非工程技术领域的教师不太确定工程技术在 STEM 教育活动中如何呈现。(4)许多教师认为技术只是一个与计算机相关的领域。(5)大多数教师虽然能够轻松驾驭本专业领域的教学，但是缺乏与其他学科领域教师的交流与沟通，产生了"教育孤岛"现象。这些原因也反映出工程和技术在教育领域的确代表性不足，教师对工程技术融合于科学探究活动的课程设计缺乏深刻理解与实践经验。

1. 工程技术渗透于教育

工程技术教育不仅在美国各地，而且在世界各地都有着丰富悠久的历史。随着社会从农业时代发展到工业时代以及现在的信息时代，通过几次范式的转变，工程技术教育已经在社会的不同领域广泛扩展，现在正处于一个新范式的转变之中。这种新的转变是将科学、工程、数学与技术教育整合到 STEM 教育中。许多技术教育工作者呼吁要强调工程与技术对学校教育的渗透，顺应这一发展趋势，一些高等院校将他们开设的技术教育课程名称改为工程和技术教育。

在大多数英文词典中，技术被定义为"工具和方法的应用"或类似的东西。对于一般公众，特别是在教育领域，"技术"一词被拼作"c-o-m-p-u-t-e-r-s"，将"技术"等同于一种技术工具。计算机是一种工具，将技术等同于计算机，那就是将整个技术范围狭隘理解的一种观点。计算机只不过是技术的一种形式或类型，但技术却远远不只包含计算机本身。技术包括几种不同的结构类型，这些结构类型已被美国联邦和州的科技机构依据标准进行严格分类，它们包括：生物和医疗技术，建筑、工程和制造技术，电子、能源和电力、信息技术和交通运输。在这些类型中，还包含大量的子技术，例如，能源和电力技术可以包括从汽车发动机到太阳能和风能等绿色能源的子技术。

2. 工程技术教育的定义

国际技术与工程教育协会（ITEEA）推出的全民技术项目为技术和工程研究制定了标准，将技术定义为"人类如何改变周围的世界以满足他们的需求或想要解决实际问题的活动"。而工程技术教育则是由学生利用数学、科学、工程和技术原理进行的基于问题的学习，相关学习活动包括：设计、开发和利用技术系统；开放式的、基于问题的设计活动；认知、操作和有效的学习策略；使用最新资源，将技术知识应用到现实世界的学习体验；个人或团队合作解决问题的工作。[5]

3. 技术教育与教育技术的区别

如上所述，技术教育是指学生利用数学、科学、工程和技术概念与原理进行基于问题的学习。教育技术（也被称为教学技术）是指教师利用技术来教育学生。希尔斯和里奇指出："教学技术是对学习过程和资源的设计、开发、利用、管理和评估的理论和实践。"[6]因此，教育技术在教学和评估中使用技术（主要是基于计算机的）作为教学方法，比如使用 PowerPoint、智能黑板、数字评估程序、网络搜索、DVD 和视频，以及其他教学多媒体。

技术教育教师可以使用教育技术来授课和进行评估。然而，大多数教育者容易对这两个概念的理解产生混淆。ITEEA 和其他技术工程教育的学界权威近些年将"技术教育"更名为"技术与工程教育"，以减轻这种混乱现象，从而使技术与工程教育在教育界占有一席之地。

二、STEM 教育的历史发展轨迹

STEM 教育最初被称为科学、数学、工程和技术（SMET），是由美国国家科学基金会（NSF）创建的一个字母组合，这种简易的组合是想引起人们对这些学科的关注，并试图在高等教育领域培养高质量的 SMET 人才。2001 年左右，国家科学基金会将 SMET 的字母组合顺序进行调整，转变成为 STEM，强调科技教育在提升国家创新能力上所发挥的驱动作用。

尽管 STEM 理念历史上曾经在商界被广泛运用，也就是说，工业革命时代，托马斯·爱迪生和其他发明家所贡献的发明创造都与 STEM 领域密切相关，只不过 STEM 并没有在传统的学校教育环境中被提及。STEM 理念主要用于科技公司研发革命性的技术，如灯泡、汽车、工具和机器等。许多负责这些创新工作的从业者只受过少许的学校教育或接受过某种类型的学徒训练。例如，托马斯·爱迪生没有上过大学，亨利·福特也没有上过大学，而且福特确实为爱迪生工作了很多年。这些科技创新的巨人使用 STEM 理念创造出了一些历史上最伟大的技术。当然，STEM 在当时的学校教育活动中实际上是不存在的。

纵观美国科技教育发展的历史长河，我们不难发现，STEM 教育实际上是由一系列历史事件推动发展的结果。最有影响的事件是 1862 年的《莫雷尔法案》。该法案将国有土地赠予各州开设大学，最初，这些大学主要关注农业培训，但很快就形成了工程导向的培训项目。例如，俄亥俄州立大学成立于 1870 年，最初被命名为俄亥俄州农业和机械学院。随着赠地高等教育机构规模的不断扩大，越来越多的 STEM 教育培训活动开始组织实施，并最终融入了劳动力市场。其他的重要历史事件也推动了 STEM 教育的发展和繁荣，比如第二次世界大战，以及 20世纪 50 年代的苏联人造卫星的发射。

（1）第二次世界大战彰显 STEM 技术威力。美国在"二战"期间发明和使用的 STEM 技术不胜枚举，从原子弹（和其他类型的武器）到合成橡胶，再到多种类型的交通工具（包括陆地和海洋），很明显，美国的科技创新在此阶段处于蓬勃发展状态。科学家、数学家和工程师（许多研究者来自学术界）与军方携手合作，生产创新产品，帮助赢得战争，并进一步推进 STEM 教育。这里还必须指出的是，美国国家科学基金会是在"二战"结束之后成立的，成立的宗旨不仅是为了肯定科技天才们创造多种产品的巨大贡献，还要妥善地保存这些产品的研究档案。

（2）人造地球卫星激发美国重视 STEM 教育。1957 年，苏联尝试并成功地发射了人造卫星 1 号（大约一颗沙滩排球大小的卫星），绕地球运行。这是开启美苏之间"太空竞赛"的一个技术里程碑。这一事件的重要性促使美国更加关注在太空旅行和探索方面的技术发展。1958 年，美国国会通过了"太空法案"，成立了美国国家航空航天局（NASA）。NASA 的任务是"扩大和改善"美国的太空研究，并以最有效的方式利用科学和工程来完成这项任务。自美国宇航局诞生以来，太空工业逐渐呈现快速发展态势，并取得了一系列引人瞩目的科技成就，包括宇航员登陆月球。同时 NASA 一直负责许多 STEM 教育项目。在随后的 60 年里，NASA 一直负责将 STEM 教育项目引入 K-12 教育和高等教育。

2010 年夏季，由 NASA 中心和全美 130 个参与伙伴组织的 150 多个活动中，有超过 15 万名学生参与了 NASA 的学习体验。其中，近 22000 名学生获得了至少 40 个小时的 STEM 深度参与机会。人造卫星（Sputnik）对美国促进 STEM 教育发挥了示范性影响，同时 STEM 行业的发展对于未来社会科技创新也将会产生非常广泛的影响。凯莉（Kelly）指出：当俄罗斯人在 1957 年将人造卫星送入太空并在全球科技领域占据领先地位时，美国朝野一片震惊。为了应对这种冲击，美国政府开始大规模升级改造数学和科学教育。

人们常常认为，对 STEM 作为学校教育重点的兴趣可能起源于 20 世纪 40 年代，也就是美国国家科学基金会（NSF）成立之前。随着 50 年代末人造卫星的发射，这种兴趣就成倍增加。美国国家科学基金会成立于 1950 年，实践了科学研究与发展办公室主任凡纳瓦尔·布什（1945 年）关于科学优先发展的理念。布什被富兰克林·罗斯福总统召集，目的是帮助美国政府规划和平时期科学知识的应用。拉姆里等人指出："美国国家科学基金会从一开始就被授权启动和支持不同层面的科学和工程领域的教育项目，最初是从 20 世纪 50 年代早期的研究生奖学金项目开始的。"[7] 布莱纳等人亦认为，20 世纪 80 年代初开始发布的一系列报告显示，人们对从儿童早期加强科学、数学和技术教育产生了强烈的兴趣。这种兴趣在当时美国国家科学基金会的直属机构——美国国家科学委员会（National Science Board，NSB）内部表现得十分强烈，也由此推动美国国家科学基金会实施一系列改革科学教育的项目。因此，在 21 世纪初，NSF 被描述为"唯一在 STEM 教育方面具有全面责任的联邦机构"。

即便美国政府从 20 世纪 50 年代就开始关注科学、技术、工程教育，但是这种关注并没有持续下去，因此，STEM 的历史演变缺乏通常所叙述的连续性。在这场"STEM 运动"中，存在着不连续性和阶段性复兴，即历史上曾经有对 STEM

不太感兴趣的时刻，学者们转而关注其他教育问题。例如，STEM 教育的历史话语遗忘了 STS(Science Technology Society)运动的遗产——科学、技术、社会。20 世纪 70 年代末和 80 年代初，科学教育中的 STS 运动主张利用科学知识、工程技术和焦点社会问题之间的相互作用来激发学生重视科学教育。德波尔将 STS 教学描述为"以人文价值为导向，与广泛的个人、社会和环境问题相关"的学习活动。

由于 STS 运动促进了科学教育更综合的发展视角，它被视为是对科学教育的一种根本性转变。STS 也与可持续发展的教育有许多共同的特点，因此随着环境教育维度的增加，后来发展成为加拿大的 STSE 教育。这种本质上的转变也出现在 STEM 教育中，出现在增加社会文化问题的版本中，比如 STEAM，即 STEM+ART。当然，STS 运动与当前的 STEM 有明显差异，首先 STEM 不包括 STS 中的第二个"S"(Society)。在这些差异中，最明显的是意识形态、教育本质、培养目标、学科整合的概念和方法，以及对科学的社会本质的描述存有不同。

值得强调的是，20 世纪 80 年代英国和美国的 STS 教育发展的势头对主流的、学科导向的课程讲授人员没有产生长期影响，它只通过一些特殊计划和项目对科学教育产生有限的影响，对传统技术教育没有明显的影响。其主要原因可能是没有形成创新的课程模式；教师教育项目中很少有 STS 教学；关于 STS 教学效果的系列研究结果不能令人信服等。这些都是当前 STEM 教育要吸取的教训，因此 STEM 教育需要付出更大的努力，开发更多课程资源，特别是要获取来自私人和政府机构的资助，与 STS 运动相比，STEM 教育似乎让社会受益更多。

在 STEM 的发展历程中，公众的科学理解(Public Understanding of Science, PUS)运动也应该被提及。随着 STS 理念的推广，公众的科学理解运动逐渐被视为一个研究领域而开始出现，因为有证据表明公众对科学知识的理解存在广泛的不足。最初科学家采用一种赤字模型来显示公众科学理解能力的欠缺，并以此为契机来鼓励科学家们交流科学知识，从而弥补公众科学知识的匮乏。在接下来的 10 年里，PUS 发展成为"公众参与科学"的理念，这意味着科学知识的传播与普及更大众化与民主化，依据此种理念，科学技术在现代社会中的运用应该参照公共价值来作决策，所有公民都应该具备基本的科学素养，而学校教育在培养未来公民具备科学素养方面发挥着至关重要的作用。20 世纪 90 年代，STEM 教育再次引起美国政府的关注，克林顿政府 1996 年发布的《塑造未来：透视科学、数学、工程和技术的本科教育》报告提醒人们需要关注 STEM 高层次人才培养。由此开启了 STEM 教育步入美国学校教育中心舞台的征程。

第二节 STEM 教育驱动社会经济发展

长期以来，STEM 教育一直是美国制造高端智能产品、改善医疗保健、开发清洁高效的新能源、保护环境、维护国家安全和发展经济的科技创新驱动器。美国欲保持其在世界上的卓越地位，就必须继续在 STEM 领域保持领先地位，但目前美国的学校教育系统并没有培养足够训练有素的 STEM 人才队伍来实现这一目标。学校教育不仅要培养普通公民具备 STEM 素养，还要培养更多 STEM 行业的高层次人才。

一、STEM 教育对于社会经济发展的驱动性

STEM 教育对美国未来的重要性怎么强调都不为过。正如美国国家科学基金会在 2007 年 12 月发布的一份报告《解决美国科学、技术、工程和数学教育体系关键需求的国家行动计划》中所阐述的那样，"在 21 世纪，随着我们面对全球化和知识经济带来的好处和挑战，科学和技术创新变得越来越重要。为了在信息化和高科技主导的未来社会中取得成功，年轻人需要具备卓越的 STEM 能力"[8]。

科技创新带来新的产品和工艺，维持美国经济的强劲增长势头，这种科技创新和创造有赖于科学、技术、工程和数学领域坚实的知识基础。很明显，未来的大多数工作需要对数学和科学有着基本的理解。STEM 相关领域的职业范围广泛多样，包括医药、能源、编程和工程领域的相关职业。同时，STEM 技能也可以适用于医师助理、网络通信、农业专业、金融、风险分析，甚至运动教练等职业生涯。当然，教学也是一个激发 STEM 兴趣的重要职业。2018 年，白宫发布了《规划成功之路：美国的 STEM 教育战略》报告，描述了美国在 STEM 教育方面落后于其他国家的程度。研究发现，只有 20% 的高中毕业生已经做好准备选择学术要求严格的科学、技术、工程、数学专业。过去 15 年以来，美国只培养了世界上 10% 的理工科毕业生。[9]这是近年来最有新闻价值的发现，它为在全球经济背景下支持 STEM 教育的许多论点增强了说服力。

　　STEM 自从美国国家科学基金会于 21 世纪初调整新的组合顺序后，已经历经了 20 多年的持续发展，STEM 教育已经从四个交叉学科(科学、技术、工程、数学)的简易组合发展成为对 21 世纪社会至关重要的更具整合力的知识库和技能组合。它现在包括计算机科学、"设计世界"和机器人技术领域，每个领域都反映了最初四个研究领域的整合，其中的目标是要解决现实问题并为面临的挑战提供创新性的解决方案。这些更广泛的组合类别揭示了当前和未来劳动力市场存在的就业机会。根据美国商务部的数据，在过去十年中，STEM 职业的就业增长速度远远快于非 STEM 职业的就业增长率(分别为 24.4% 和 4.0%)，STEM 职业预计从 2014 年到 2024 年将增长 8.9%，而非 STEM 职业的增长率为 6.4%。[10] 2018 年的皮尤研究中心数据显示，STEM 工作者的收入比受过类似教育水准训练的非 STEM 工作者高出约 25%。[11]

　　在全球化时代，具有 STEM 知识的民众和劳动力对于维持美国的竞争优势不可或缺。STEM 领域的从业者包括研究人员、医生和工程师，作为一支技术含量高的劳动力队伍，可以确保民众的健康和安全，振兴国家的公用事业基础设施，监控食品生产，并提高产业的制造效率和能力。美国国家科学委员会在《2018 年科学与工程指标政策配套声明》中指出，"我们所有的员工都必须具备迎接未来的技能和知识，在那些未充分利用其聪明才智但对我们未来竞争力至关重要的群体中，有在工作中使用技术技能但没有四年制学位的工人(熟练技术工人)，以及历史上在 STEM 中代表性不足的所有教育水平的人"[12]。美国社会未来面临的挑战是要增加熟练的技术劳动力并消除参与 STEM 的障碍，将增加个人经济机会，并继续在国际领域保持科学和技术方面的领导地位。

　　此外，STEM 教育还致力于为当今社会所关注的问题提供解决方案。人类历史上曾经历过多年对自然资源的轻率消耗，由此带来的环境破坏导致了许多问题的产生。这些问题影响着地球上所有生物的健康和福祉，人类生存的环境需要保护。因此，可持续性发展成为 STEM 研究最关切的问题。年轻人比老一辈更担心气候变化，统计数据显示，70% 的 18 岁至 34 岁的年轻人担心全球变暖。[13] STEM 教育可以回答年轻人关心的现实问题，甚至帮助他们找到可持续发展的解决方案。教育是确保 STEM 素养社会崛起的有力工具，受过良好教育的社区成员可以在竞争激烈的世界中找到解决问题的方法，他们将使用不损害自然环境的可持续做法，从更综合的角度来看待经济发展与环境保护的关联性。

二、美国劳动力市场对 STEM 人才的巨大需求

STEM 教育重要性的最直接和最有力的论据就是劳动力市场对于 STEM 专业人才的巨大需求。2018 年，皮尤研究中心发现 STEM 的就业率自 1990 年以来增长了 79%（计算机类工作增长了 338%）。与此同时，根据美国劳工统计局（BLS）的数据，到 2030 年，所有职业预计增长 7.7%，非 STEM 职业将增加 7.5%，而 STEM 职业将增加 10.5%。[14]这些差异表现在薪水方面更明显，所有职业的年薪中位数为 41950 美元，非 STEM 职业的年薪为 40020 美元，STEM 职业的年薪为 89780 美元。[15]

美国 STEM 劳动力市场由超过 3600 万个需要 STEM 知识和其他专业知识的不同职业岗位组成，占美国劳动力总数的 23%。2021 年，科学与工程指标引入了 STEM 劳动力的新定义，该定义阐明 STEM 劳动力包括所有在工作中使用 S & E（Science & Engineering）技能的工人，而不是根据学位水平定义是否归属于 STEM 劳动力。这一新定义使 STEM 劳动力中的个体数量增加了 1 倍多，其中包括 1600 万名至少拥有学士学位的工人和 2000 万名没有学士学位的工人，也被称为熟练的技术劳动力（Skilled Technical Workforce，STW）。STEM 劳动力包括需要 STEM 技能和专业知识的职业，这些技能和专业知识通常需要学士学位，称之为 S & E 职业和 S & E 相关职业。在 S & E 职业的 860 万名 STEM 工作者中，660 万人（76%）至少拥有学士学位，200 万人没有学士学位。同样，在 1310 万名从事 S & E 相关职业的 STEM 工作者中，790 万名（60%）至少拥有学士学位或更高学历，520 万人没有学士学位。[16]除了 S & E 职业和 S & E 相关职业外，STEM 劳动力还包括需要 STEM 技能但通常不需要学士学位即可进入的中等技能职业。中等技能职业包括安装、维护和维修，建筑行业和生产领域的职业。在 1440 万名中等技能工人中，有 1270 万人（88%）没有学士学位。

与非 STEM 行业相比，STEM 职业的工人收入中位数更高，失业率更低。2019 年，STEM 工人的年薪中位数为 55000 美元，非 STEM 工人的年薪中位数为 33000 美元。同样在 2019 年，STEM 劳动力的失业率（2%）低于非 STEM 劳动力（4%）。[17]甚至像创业这样的领域也会看到同样的结果。美国信息技术与创新基

金会(ITIF)的一份报告发现，以科技为基础的创业公司支付的薪酬是全国平均工资的 2 倍多，是整个创业公司平均工资的近 3 倍。它们只占企业总数的 3.8%，但在企业研发投资(70.1%)、研发工作(58.7%)和工资(8.1%)等领域占据了更大的份额。

自 2010 年以来，STEM 工作的增长速度快于非 STEM 工作，预计未来许多 STEM 工作将持续增长。然而，这种预期的增长可能在美国各地分布不均。2019 年，在每个州的劳动力总数中，具有学士学位或更高学位的 STEM 工作者中有更大比例受雇于沿海各州和中西部地区，而更大比例的 STW 受雇于美国南部和中西部地区的州。考虑到其创造就业的潜力，STEM 教育被认为是一个国家整体经济健康发展的重要因素。一份由知名科学专业组织构成的财团编写的 2020 年报告发现，美国 2/3 的就业机会和近 70% 的国内生产总值(GDP)可以归功于 STEM 活动，此外，美国 STEM 行业每年产生 2.3 万亿美元的税收收入。[18]根据布鲁金斯学会的大都会政策计划(Metropolitan Policy Program)，这种影响可能比之前的测量结果更显著。截至 2021 年，美国有 2600 万个工作岗位(占所有工作岗位的 20%)至少需要 STEM 某一学科领域的高水平知识。[19]

三、STEM 教育是培养 STEM 人才的主要渠道

STEM 教育致力于为所有学生提供批判性思维技能，使他们成为创造性的问题解决者，并最终在劳动力市场上更有竞争优势。人们认为，任何接受过 STEM 教育的学生，特别是 K-12 阶段的学生，即便他们选择不接受高等教育，未来在就业市场也会因为掌握 STEM 技能而具有行业竞争优势，或者如果他们上过大学，也会因为曾经有过 STEM 学习经验而具有更大的专业优势。

美国国家科学教学协会(NSTA)大力支持 STEM 教育，为学生提供跨学科的学习方法。STEM 教育使学习变得"真实"，并让学生有机会以真实和相关的方式看到他们正在学习的知识与实践应用之间的联系。STEM 教育亦是一种体验式学习活动，其中知识和技能的应用通过情境式项目或问题进行整合，重点是要与高等教育专业学习和关键的职业准备能力的培养相关。相关研究指出，个人兴趣、经验和热情对于支持儿童的科学学习至关重要，并且可以成为成年后保持兴趣的催化剂。[20]正如 K-12 科学教育框架中所述，21 世纪的许多重要决策都需要公民

有能力制定与其利益相关的科学问题，评估复杂的社会、公民、经济、政治和个人问题，寻找相关数据和科学论据，并将他们的理解和论点传达给他人。

STEM 教育为人们提供技能，使他们更容易就业，并随时准备满足当前的劳动力需求。STEM 的每一个组成部分都为全面发展的教育作出了宝贵贡献。科学让学习者深入了解我们周围的世界，帮助他们更好地进行科学研究和批判性思考。技术使年轻人能够在充满高科技创新的环境中工作。工程学使学生能够提高解决问题的技能，并将知识应用到新项目中。数学使人们能够分析信息，消除错误，并在设计解决方案时作出有意识的决定。STEM 教育将这些学科联系成一个有凝聚力的系统，为未来社会培养能够通过创新和可持续解决方案改变社会的专业人士。

STEM 教育方法与基础学科一起培养创造力和发散思维。它激励和启发年轻人创造新的技术和想法。通过注重实践和创新，学生可以从基于探究的活动中学习。STEM 教育使人们能够理解概念，并鼓励知识的应用。简而言之，它的目标可以用两个简单的行动来表达：探索和体验。学生可以在无风险的环境中自由地运用所学知识并接受错误。基于项目的学习和解决问题有助于学习者形成一种特殊的思维形态，它的核心是灵活性和好奇心，这使学习者能够应对现实世界的挑战。

STEM 教育使学生接触到有效的跨学科交流。科学家们进行研究和实验，为团队提供发现。技术专家提供的小工具可以使团队的工作更加有效。工程师通过设计和运行能够实现用变革的平台来帮助解决挑战。数学家分析信息以消除错误并提供精确的计算。STEM 教育使人们能够在所讨论的主题领域内作出明智的决定。此外，STEM 意识对于任何工作都是必要的，因为大多数行业或多或少都与科学和技术有关。因此，这种教育将使儿童成长为积极的公民，他们可以在STEM 讨论中畅所欲言，并对该主题有充分的了解。STEM 意识促进人们对一系列热门职业产生兴趣。目前，一些 STEM 行业面临人手不足的窘况，例如，美国在不久的将来可能还需要 100 万名 STEM 专家。此外，STEM 倡议的目标之一是鼓励妇女和少数民族更广泛地参与 STEM 劳动力队伍，这样有助于弥合种族和性别差距。STEM 倡议的落实需要学校、政策制定者、家长、学生和教育工作者的参与。这是推动技术和科学进步的唯一途径。

STEM 是整合性学科，而不是取代其他学科。学生需要学习与以前相同的科学和数学概念和技能，以及思考如何通过工程设计挑战解决问题。STEM 体验必须与州科学标准的目标以及 K-12 科学教育框架中确立下一代科学标准（NGSS）中阐明的目标联系起来并支持这些目标实现，为学生提供掌握和体验相关学科内容的机会。STEM 也不是一门课程，而是一种组织和提供教学的方式。它不是课程"汤"中的另一个"成分"，而是帮助学习者应用他们的知识和技能，与同龄人合作，并了解他们所学内容的相关性的秘诀。这并没有降低核心概念的教学，而是让学生知道如何应用他们正在学习的内容。STEM 教育不仅促进批判性思维、问题解决能力、高阶思维、设计和推理等技能的提升，还促进坚韧性、适应性、合作、组织和责任等行为能力的提升。

美国中小学 STEM 教育将继续扩大和深化 STEM 教育的范围，并进一步拓展不同学科的组合，包括艺术和人文学科（即 STEAM），培养学生能够创造性地思考，清晰简洁地以书面和演讲方式表达想法，能够整理文献提炼观点并为之辩护，以及建立视觉或数字模型以呈现证据，要求学生在语言和创意艺术方面有坚实的基础。充分理解全球问题的能力要求学生能够承认和欣赏多样化的文化规范，消除社会偏见以及认可其他国家和人民的历史成就。正是所有这些因素的结合推动了创新和技术进步。

第三节　STEM 教育协同推进的战略构想

美国政府一直试图构建 STEM 教育的一种协同发展全景，这种协同发展全景从横向维度来看，就是要联合各方利益群体以及各类组织机构的力量来全方位地推行 STEM 教育。纵向维度则是从幼儿教育开始，将 STEM 教育的种子播撒在孩子们心间，从小激发他们对 STEM 的学习兴趣，在从小学、中学到大学的成长过程中为所有孩子提供优质的 STEM 学习机会。

STEM 教育协同发展的萌芽最初源于 1996 年由教育人力资源委员会提交给美国国家科学基金会的一份报告《塑造未来：科学、数学、工程和技术的本科教育新期望》，号召"联邦机构、商界和产业界、学术机构、专业协会、私营部门、州和地方政府，以及本科教育的其他利益相关者关注 STEM 本科教育，改善本科教育的人才培养质量"。STEM 本科教育是从学前教育到研究生教育这一连续体的一部分，而且各个部分是相互依存的。STEM 本科教育依赖于 K-12 年级的学生，依赖于有过研究生学习经历的教师，并为 K-12 系统的教师和研究生院的学生做好准备。2010 年总统科技委员会发布的《准备与激励：着眼于美国未来的 K-12 科学、技术、工程和数学教育》报告中对于跨部门的系统培养 STEM 教师也有过如下建议：K-12 学校和教师培训机构之间携手合作，STEM 院系和教育学院的教师之间加强合作，使新教师能够深入学习相关知识以及主题教学。各参与机构为持续合作创造条件，包括优质的教学材料、高质量的现场指导、学校和学区的高效率领导，以及致力于将 STEM 卓越教学的教师联系起来的专业网络。

2018 年由 STEM 教育委员会发布的《规划成功之路：美国的 STEM 教育战略》报告提出了未来五年的联邦战略，基于未来的愿景，即所有美国人都将终身获得高质量的 STEM 教育，而美国将成为 STEM 素养、创新和就业方面的全球领导者。这意味着需要采取紧急行动，与学习者、家庭、教育工作者、社区和雇主在全国范围内进行合作，形成 STEM 社区的"北极星"，从而共同为国家绘制一条成功的路线。联邦政府关于 STEM 教育协调发展的战略规划在 STEM 教育机构、社区组织、私营部门以及高等教育机构的共同努力下正以一个规模宏大的 STEM 学习生态系统的构想以及 STEM 学习生态系统的实践社区的样态呈现出来，以此发挥学校教育、家庭教育以及社区教育协同形成的教育合力，为所有儿童提供无所不在的学习机会。

一、STEM 学习生态系统的构想

STEM 学习生态学观点的核心是需要在日常的正式、非正式学习之间建立联系。学习的生态理论基于这样一种观点，即学习随着时间的推移在多种环境中不断拓展。学习机会是由一个人所居住的学习生态实现和塑造的。学习生态是学习发生的物理、社会和文化背景，与自然生态系统一样，学习生态具有物理维度，包括自然学习环境中的学习活动、科学博物馆或高级科学项目的研讨或实习。

学习生态是相似的，它们是学习背景(物理环境)、社会互动、价值体系和历史演变的结果，年轻人在日常的每一天以及漫长的一生中随着时间的推移而持续学习。强大的科学学习生态与自然界中的各类生态一样，具有多样性、延展性和地方适应性的特点。学习者有很多机会发展和加深他们与科学的关系。这意味着一个强大的科学学习生态包含各种各样的项目，跨越一系列机构和场所，允许年轻人以不同方式参与STEM。随着年龄的增长和获得更多的经验，学生对自己的学习越来越有自主权。联邦政府正在建立多种形式的合作伙伴关系和组织网络，以优化一系列STEM的学习机会，例如纽约市HIVE，YouMedia，Synergies和缅因州数学与科学联盟。

70多年前，康奈尔大学心理学家库尔特·勒温（Kurt Lewin）和乌里·布朗芬布伦纳（Urie Bronfenbrenner）首次提出了人类发展的生态学观点。后者的生物生态学模型为许多定量研究提供了信息，这些研究表明，个人的发展结果（例如，身心健康的质量）直接受到发生在更大的社会生态中的活动、政策和事件（例如，州政府制定的教育政策，当地教育学院的招聘和教学实践）的直接影响。这些不同的物理环境在一组嵌套的"系统"中概念化，从儿童参与其物理世界和社会世界的直接环境（"微系统"）到涉及政策、文化甚至历史的更大系统（例如，宏观系统、时间系统），间接和直接地塑造了参与的可能性。这些研究还强调了儿童和有爱心的成年人之间强大和支持性的社会关系的首要地位，以及社区如何通过建立和塑造物理资源（例如课后项目或以STEM为重点的学校）组织起来以支持他们。

生态学观点为纵向研究提供了依据，展示了年轻人如何随着时间的推移发展对某个领域或学科的兴趣、能力和承诺。更重要的是，研究发现，儿童的兴趣取决于环境，并且可能会出现波动。换句话说，即便早期对科学感兴趣，人们也不一定会走上通往科学事业的线性道路，比如对爬行动物或调香师的化学等主题非常感兴趣的年轻人也不一定会对科学职业感兴趣。因此，生态学观点要求在组织或社区层面更有意识地培养和强化儿童在更广泛的学习生态中的兴趣。例如，知道儿童对动物生活感兴趣的老师可以让孩子和他们的父母了解夏令营或在当地动物园或自然中心实习。此外，老师还可以联系实习计划的管理人员，让他们了解哪些年轻人可能是招聘的最好人选。然后，动物园教育工作者可以确保参与的青少年了解与动物园工作相关的学术和职业道路选择，以及学校课程中的STEM内容和实践。创建充满活力的学习生态的关键是与STEM教育工作者、教育组织机构和政策制定者在生态系统的各个层面合作。通过协调和连接整个学习生态系统，让学生、家庭以及社区中的其他教育工作者携手起来，共同构建强大的 STEM 学习网络。

STEM 学习生态系统包括学校、社区环境(课后活动或暑期学校)、科学中心和博物馆，以及在家里和各种环境中的正式和非正式学习经历，这些学习环境共同构成了青年人丰富的学习机会。学习生态系统充分发挥个体所处社会环境中各类不同组织机构的独特作用，为所有儿童提供 STEM 学习机会，使年轻人能够在人生成长的早期阶段，即 PreK-12 阶段，参与 STEM 学科的学习活动，掌握知识和技能。

协同共建的 STEM 学习生态系统具有以下现实价值：(1)寻找并成功吸引历史上在 STEM 中代表性不足的年轻人参与高质量、多样化和相互关联的 STEM 学习体验。(2)创造和丰富 STEM 学习机会，让学习与年轻人的生活现实紧密结合起来。STEM 学习不仅可以在学校课堂，还可以在校外教育活动中呈现，同时涵盖在线学习、家庭日常生活中的学习。而 STEM 教师的责任就是了解年轻人的多种学习环境，并成功引导他们进行主动、协作和严谨的学习。(3)利用多种学习环境为年轻人提供学习体验，使其能够掌握复杂的技能，包括如何设计、测试和修改现实世界问题的解决方案，以及与成年人和同龄人合作。鼓励年轻人通过持续多样的机会来设计、实验和探索感兴趣的领域，体验学习的乐趣和努力的回报。让年轻人积极参与科学、工程和数学实践，依照下一代科学标准和其他类似的科学教育国家标准和共同核心国家标准。(4)培养年轻人的"STEM 身份"，或对 STEM 能力的自我认知。STEM 学习生态系统可以通过让年轻人参与具有挑战性的学习任务来解决他们所关心的问题；公开表彰他们的努力；帮助他们的父母和监护人支持他们对 STEM 的追求和兴趣。(5)确保父母和监护人有能力通过进一步了解 STEM 教育和职业的途径并获得统一的指导和资源来支持孩子的 STEM 学习取得成功。并对年轻人以各种方式参与 STEM 学习的成效进行及时评估，确保他们能够适应不同学习环境的学习要求。新的评估策略包括使用数字徽章、电子档案袋或其他能力导向的方式，以证明他们掌握技能和知识的程度。(6)确保年轻人有机会与具有相似背景的 STEM 专业人士会面并建立指导关系，这些专业人士是年轻人效仿的榜样。STEM 学习生态系统确保年轻人从小就能了解一系列

STEM 职业的可能性，将 PreK-12 的校内和校外 STEM 学习与中学后的 STEM 职业机会联系起来。将 STEM 学习途径与 STEM 高等教育和劳动力不断变化的需求相匹配。

二、STEM 学习生态系统实践社区

STEM 学习生态系统实践社区（STEM Learning Ecosystems Community of Practice，SLECoP）是学习生态系统融于青少年生活社区的实践形态，这主要源于生态系统倡导者作为中立召集人的独特地位，在正式和非正式环境中能够扩大 STEM 教育工作的影响。

2015 年，STEM 学习生态系统计划是由 STEM 卓越教学研究院（Teaching Institute for Excellence in STEM，TIES）发出倡议，携手 STEM 资助者网络，选择了 27 个社区来试点国家 STEM 学习生态系统计划。由萨姆尔利（Samueli）家庭基金会和诺伊斯（Noyce）基金会领导，赋权当地社区寻找 STEM 教育持续发展之路。许多其他慈善机构和企业资助者已经认识到 SLECoP 的价值，并提供了支持和领导。STEM 学习生态系统拥有创造变革的工具和知识。正如 STEM 教育在实施方式层面进行创新一样，它也必须在实施机构层面谋划创新。跨部门的社区合作伙伴不仅仅是运行机制上的协调努力，而是鼓励更多利益相关者在更深的层次上协同工作，为更多的学生提供在学校内外的优质学习机会。社区合作最能改变关于 STEM 教育、劳动力和经济发展质量增长的对话。

STEM 学习生态系统实践社区的使命是持续团结不同的合作伙伴，为所有人获取参与机会达成共同的目标和愿景，并理解 STEM 是一种创新的思维方式，以解决社会面临的现实问题。STEM 学习生态系统倡导者联合社区所有利益相关者，以确保所有学生主动参与 STEM 学习，掌握必备技能，为未来的学业深造和就职做好准备，教育系统和校外实践合作伙伴配备必要的学习资源，开展教学和培养 STEM 能力，社区通过源源不断地培养大批富有竞争力的 STEM 熟练劳动力而持续繁荣起来。STEM 学习生态系统可以丰富学生的知识，增强他们的学习持久性，培养他们在 STEM 学科中的认同感和归属感。STEM 生态系统使年轻人能够将他们在校内外学到的东西与现实世界的学习机会联系起来，从而形成 STEM 素养，并持续接受教育，为职业规划做好准备。

截至 2022 年，STEM 学习生态系统共有 94 个子生态系统，每个子生态系统都有自己独特的协调机构和关注重心，但都致力于为所有人提供有意义的 STEM 机会和参与，STEM 学习生态系统的影响力一直在增长。TIES 是 STEM 学习生态系统的日常运营者，一直致力于协调生态系统的运作，寻求促进生态系统和外部受众之间的有效沟通，为生态系统提供技术援助，协调共享倡议，领导规划，提供财政支持和监督，并总体管理工作。随着 SLECoP 向一个成熟的组织过渡，TIES 公司作为生态系统的主干力量将在该倡议的整体管理和运作中发挥更大的作用。SLECoP 的每个利益相关者都是 STEM 生态系统的自然贡献者。政府官员、学校和大学管理人员、非营利组织董事、宗教领袖和企业高管通常在组织和培育未来生态系统方面发挥关键的作用。校外教育者通过生态系统与雇主和家庭进行沟通，建立有利于学习者的全面支持系统。

通过在一个持续稳定的 STEM 生态系统中建立伙伴关系而发展起来的广泛和包容性的参与，建立了更强大、更知情的 STEM 学习社区，培养了满足当地雇主所需技能的多样化劳动力。这些社区为学习者提供了一个更具支持性的网络，让他们在其一生中持续寻找 STEM 教育和培训的各种途径，使更广泛、更多样化的人群更容易获得技术类职业。STEM 生态系统促进了教育者和雇主之间的伙伴关系，共同开发课程，结合现实世界的挑战，从而激发更多学习者对 STEM 职业的兴趣，并更好地为他们在未来劳动力中的成功做好准备。有效的 STEM 生态系统将 STEM 学习无缝地结合起来，并将其提供给广泛的、多样化的学习者群体。随着更多的 STEM 生态系统的发展，有关有效实践的研究将为联邦政府促进循证战略提供信息。联邦资助机构可以加速社区 STEM 生态系统的扩展，将生态系统的创建或联结作为资助项目的一部分，并支持旨在建设能力和使教育工作者和研究人员具备领导 STEM 生态系统所需的知识和技能。

STEM 学习生态系统实践社区提供了一条清晰的道路，让参与社区的每个孩子通过高质量 STEM 教育为未来做好准备。SLECoP 的工作是要培养下一代为未来的人生规划作出深思熟虑的决策，使他们为明天的挑战和机遇做好准备。卓越的 STEM 教育使学生具备适应快节奏、信息驱动的世界所需的知识和技能。SLECoP 通过确保家庭与社区不断补充劳动力来造福社会。SLECoP 有助于确保美国社会能够为世界提供一支具有创造性和适应力强的劳动力队伍，以满足迅速变化的行业需求。

第四节　STEM 教师助推 STEM 教育发展

STEM 教育的全面推广需要一支规模庞大的教师队伍来加以支撑。STEM 教师是指教授科学、技术、工程或数学课程的教学人员，中小学的 STEM 教师主要包括科学、数学或工程技术类的学科教师。STEM 教师是设计和组织 STEM 教育活动的主导者，他们和普通的科学、数学以及工程技术教师在职业特征与个性特征上有着明显的区别。同时，STEM 亦是整合式的跨学科教学，教师从传统的分科教学到跨学科教学的转型过程中需要实现教学信念与 STEM 理念的有效整合以及在展示娴熟教学技艺的同时诠释个性特征。

一、STEM 教师的职业特征与个性特征

在 STEM 教育中，成功是由杰出的教师克服存在于愿景与现实之间的各种挑战而带来的。教师在克服挑战的过程中也面临着身份的转换与认同，这种新旧身份的转换过程中会隐含着教学信念、教学方法以及教学行为的改变。身份认同的不断形塑与心理的渐进调适会推动国家的 STEM 教育愿景逐步细化为学校的课堂教学革新举措。

STEM 教师身份不是一种简单静态的个人特质构成，在教师努力将 STEM 理念融入课堂教学的过程中，各种相关因素都在发挥作用。STEM 教师将他们的身份发展描述为持续学习、协作、了解社区需求以及将自己的教学理念与 STEM 教学设计原则相统一的过程。教师身份的本质被视为一个动态生成过程，个人性格和专业经验相互作用，在教学实践中创建一个新兴的 STEM 教师身份，这个新的身份融合了因顺应新的教学要求而产生的职业特征，也包含着实施高质量教学教师所应具备的个性特征。

（一）STEM 教师的职业特征

STEM 是通过工程设计和知识应用来解决现实世界的问题，为所有学生提供公平的学习经验，从而实现社会的协调发展。STEM 教育不仅仅是概念与原理的

掌握，更多的是学生积极参与的一种体验式学习，激发他们直面困难的勇气。STEM教育的挑战在于，教师需要确保学生集中注意力，协商合作解决难题，使其能够深化理解之前学习过的学科内容。因此，作为一名STEM教师，至少需要具备以下职业特征才能富有成效地引导学生在STEM学习活动中运用跨学科的知识与技能解决问题。

1. 促进STEM理念与教学信念完美契合

STEM教育作为一种新型的科学教育，它的典型特征就是跨学科的学习活动，知识整合是STEM学习活动有效开展的关键。STEM教师必须了解STEM整合式教学所需要依据的教学理念以及所要达致的教育目的，以此将国家政策层面倡导的STEM教育举措落实到学校课堂教学实践中去。随着美国中小学逐步响应和实施STEM教育理念，教师有必要决定是否将所有STEM学科纳入其课堂，以及了解到每个相关学科的知识论是否相互制约，或者STEM教师是否由单个学科教师教学还是由教师团队合作教学，以及是否合作开发和设计以STEM为主题的课程资源。尽管教师们对于STEM的了解有待深化，但是关注STEM并将其落实到课程开设的学校日益增多。教师们可以参照不同的STEM实施途径，自主决定如何组织实施STEM，同时在设计教学活动时注意凸显STEM的如下特征：(1)将STEM教育作为一种创新的教学方式。(2)注重STEM学科整合的性质。(3)强调STEM学习过程中工程和技术的作用，以及与K-12系统中其他非STEM学科的融合。

为了有效地实施STEM教学，教师需要具备强大的内容知识和教学专业知识。就STEM教师而言，他们需要具备STEM相关学科知识和一套独特的教学实践，以帮助设计和实施优质的STEM整合课程。STEM教师的工作极具挑战性，对于教师的专业素养有着广泛的要求，包括课程设计、实施、了解该领域的最佳实践以及关注社会问题。这些要求需要STEM教师具备相应的职业特征，比如作为一个持续的学习者，随时准备应对教学情境的变化，把失败看作一个学习的机会，并尽可能为所有学生提供公平和包容性的学习机会。

美国学者纳格迪2018年对美国中西部五所城区中学STEM教师的调研访谈结果表明，教师们都认为，STEM提供了一种更具包容性和全面的学习体验。尽管科学老师是STEM的主要任课教师，但传统的科学课程教学与STEM跨学科教学还是有着较大的差别。STEM 不是一个孤立的科学实验报告，而是在解决一个非常有价值的问题。STEM 教学更有现实性，更有吸引力，更注重公平性和文化相关性。它强调了科学的社会方面。STEM 教学是社会研究与课堂教学的丰富体验，教师需要将对 STEM 的理解和他们的教学理念进行融合。例如，教师 Yen 描述了她对 STEM 的理解，并将其与教学理念完美结合，她认为将学习和教学与日常生活联系起来，并"将科学探究扩展到外部世界，而不仅是实验室教学"的实践探索对她作为一名科学教师的专业成长至关重要。[21]

2. 善于营造公平与包容的学习氛围

2021 年美国国家科学院发布的《科学教育行动呼吁》报告中强调 K-16 科学教育的愿景是公平获得高质量的科学学习经验，即每个学生都能体验科学的乐趣和奇迹，学习如何利用科学解决当地和全球问题，看到他们进入科学相关职业的道路，并在科学课堂上受到欢迎和重视。STEM 提供更多机会让学生参与学习过程，缩小不同学生的成就和文化差距，包括不同的学习风格、兴趣和潜力。正如内特所说，STEM 教师相信"每个人都想（也能）学习，而作为教育者，教师的责任就是让每个孩子发挥这种能力"[22]。

学生的主动学习是 STEM 背景下所有教学过程的重点，教师不仅承担起教学的责任，还应该扮演着指导者的角色。教师们需要意识到指导学校的学生接触不同的 STEM 领域，同时与其他老师合作的重要性。而且学生学习过程中更重要的事情是解决问题，接受失败。教师们不应该陷入需要完成的任务清单中，而应该给学生们探究的空间和时间。教师营造宽松友好的学习环境，学习者可以轻松自在地参与并提出问题，但是教师需要确定有效参与的规则，并提供合适的教学支架，了解学生的知识技能水平，运用良好的沟通技巧，帮助他们克服恐惧和心理障碍，同时还需要帮助学习者知晓课程所学内容与现实世界的关系，以便他们参与并享受学习体验。营造温馨、和谐、愉快的学习氛围，是 STEM 学习的一个重要理念，它是促进学生自主学习、自主探究的关键所在。因此 STEM 教师在教学过程中，应该创设和谐的教学情境，让课堂能够活跃起来，让学生也能够在和谐的氛围中体验到学习的乐趣。

3. 具备合作教学的意愿与能力

美国教学与未来委员会（NCTAF）2011 年发布的研究报告《专业学习社区中的

STEM 教师》表明，参加合作教学可以让 STEM 教师有效地参与他们所教的数学和科学等相关学科的讨论，这个研究发现远比表面上看起来更重要。虽然持续寻求更多的知识被认为是一种职业特征，对于专业人员而言，即使承认他们应该更好地了解或理解更多的专业知识，但实际上同行之间潜在的竞争关系使得信息交流与分享不太可能。因此，在传统分科教学的隔离环境中工作的教师往往不愿意讨论他们所教授的内容。然而，专业学习社群的研究表明，在一个学习团队中建立信任和开放性会导致一个协作的专业环境，有利于 STEM 教师轻松地谈论和学习 STEM 内容。

教学委员会的研究结果进一步显示 STEM 教师在合作教学小组中能够更好地理解 STEM 学科知识，并且觉得自己更愿意开展 STEM 教学活动。也就是说，STEM 教师不仅仅谈论数学和科学、工程技术等学科知识，他们还深化了课程学习内容。教师们都表示，他们觉得自己在教授数学和科学方面准备得更充分了。合作教学可能让小学教师获益更多，他们中的许多人觉得没有做好教授数学和科学的充分准备，合作学习团队的参与可以改变教师的学科知识，而且 STEM 专业学习社群中的教师还会持续调整他们的教学方式。教学委员会研究发现，参与学习团队的 STEM 教师通过以下方式改进了他们的实践：在数学和科学教学中使用更多基于研究的方法；更加注重学生的推理和理解能力；使用更加多样化的教学模式让学生参与问题解决过程。[23]

合作开发课程是 STEM 教师必须完成的富有挑战性的工作，不同学科教师组成课程开发小组团队，贡献各自的智慧，携手合作开发连贯的课程序列，包括精心选择的主题，以使学生参与要学习的科学探究或工程设计。合作教学小组的教学资源也应该进行定期分享，教学资源包括教师用来制作和实施与学生背景、文化和地点相关课程的教学材料与策略选择。STEM 教师应该积极主动地与助教、其他学科教师和学校领导者进行沟通交流，分享观点和经验，取长补短共同成长。合作能够激发创造力，使每个参与者都成为更有效的教育者。

4. 关注 STEM 教育的社会效应

美国教育部 2016 年发布的报告《2026 年 STEM 教育创新愿景》指出，STEM 教育应该吸引所有年龄段的学生来应对重大挑战。重大的挑战是那些尚未在地方社区、国家或全球层面得到解决的挑战。重大的挑战可能包括，例如，节约用水或改善水质；更好地了解人类大脑，发现预防和治疗大脑疾病和损伤的新方法；开发新技术系统，以改善医疗保健；解决基础设施问题或使太阳能开发成本降低以及研发物美价廉的电动汽车。让儿童和青少年承担巨大的挑战有助于他们了解STEM 与他们生活的相关性，并了解 STEM 在改善他们自己和他人生活环境方面的价值。

STEM 应该强调科学的社会效用，运用科技知识造福社会。根据 Zollman 等人的观点，在教育领域，STEM 教育应该以关注综合教育和持续学习为目标，从人文主义的角度为所有公民提供更高水平的能力发展。[24]也就是说，教师们应该意识到，STEM 教育不应该让学生在完成学业后优先考虑就业，而是应该更积极地参与以社区为基础的科学研究服务，包括呼吁社会正义和公民身份。STEM 教师有责任帮助学校周围的社区，从文化、社会、经济甚至政治等各个方面了解社区历史传统与教育需求。教师需要了解 STEM 对于学校所在社区的意义，然后帮助更多社区居民了解并参与 STEM 学习。

5. 分享了解 STEM 的最佳实践

STEM 教师从"职场小白"成长为骨干教师(特级教师)需要一个长期的历练过程，教师的专业成长不仅是教学理念更新、教学技能提升，更重要的是教学经验的积累，以特级教师的标准要求自己，加强与同行的学术交流，积极分享最佳教学实践。

现有的研究表明，有效的专业发展与同行的经验交流密切相关，教师可以根据其他教师的成功经验精心地设计教学活动，以激发学生对于 STEM 学习的兴趣。在专业发展方面，教师在专家教师的帮助下评估自己教学的录像，并在评估的基础上讨论如何改进教学效果，以促进学生取得更大的进步。教学反思与同辈相互学习都是教师专业成长的催化剂。高素质的专业发展和支持对于帮助 STEM教师取得最佳教学表现至关重要。教师需要获得相关的专业支持，与经验丰富的同行保持学术交流，教师不仅需要得到专业领域的尊重和认可，而且要有机会在同龄人中展示自己的优势，成为本行业领域的领导者。

(二) STEM 教师的个性特征

STEM 是通过跨学科的学习培养学生分析问题、解决问题的能力，大多数的

STEM 主题探究所面临的问题没有确定的解决方案，学生需要不断尝试、承担失败风险，反复验证调整才能找到合适的解决方案，在这个充满未知与不确定性的探究过程中，特别需要教师提供适当的支持与鼓励以增强学生的信心与动力。因此，在 STEM 学习活动中，教师不仅需要具备从事跨学科教学的专业特长，还应拥有如下个性特征以保障教学过程顺利开展。

1. 风险承担者与变革推动者

美国学者纳格迪对美国中西部 5 所城区中学关于 STEM 教师个性特征所做的调研结果显示，STEM 教师最关键的特征是对变革持开放态度，同时也是变革推动者。STEM 教师的主要特点是"灵活、乐于改变"，将失败视为学习和"解决问题"的机会是 STEM 教师性格的关键组成部分。营造"可持续的学习环境"，成为"风险承担者"对于 STEM 教师的课堂教学至关重要。显然，在 STEM 学习活动中，教师需要扮演风险承担者与教学创新变革的推动者。

冒险在教育中很重要，不仅因为有可能制定新的成功战略，还因为这种创新模式向学生展示了这些过程，而未来的创新取决于他们。在新兴问题研究领域发表的一篇关于冒险的文章中，作者写道："我们必须教导我们的年轻人寻找机会，追求失败的机会是一种学习机会和荣誉徽章，而不是不惜一切代价避免的耻辱。"[25]通过为风险创造空间，STEM 教师可以创造一种冒险文化，鼓励学生探索新的想法和可能性。教师可以采用简单的冒险策略，例如在课堂上引入意想不到的元素，鼓励学生探索某些主题，或合作开展项目。了解失败的价值并正确看待它也可以鼓励学生参与，因为失败的风险被最小化。这些策略还可以鼓励那些处于不利处境的学生更多地参与 STEM 学习，更愿意尝试风险、开创未来，这是教育的一个宝贵目标。

STEM 的主题式学习活动就是鼓励学生在学习过程中不断地探索、尝试、犯错，然后在错误中学习到新的东西，不断地成长。作为 STEM 教师，要允许孩子们试错和接受失败。进化心理学家哈瑟尔顿和列托曾经说过：人类是以不断犯错的方式，来适应世界的。不允许学生试错，意味着我们正在谋杀学生们的生命力。解决一个问题往往有多种方法，我们不可能一下就确定哪种解决方法是解决这个问题最好的方案，所以要不断地进行尝试，直到找到那个最好的方法。通过尝试—犯错—再尝试—再犯错—继续尝试—成功的过程不断尝试，直到得到自己最满意的结果。

2. 持续学习者与知识寻求者

STEM 专业领域的变化日新月异，学生的生活经历与家庭背景千差万别，专业知识更新与文化适应性教学的要求迫使 STEM 教师必须获取高质量、持续的专业学习机会。教师既是施教者，也是学习者，教学相长或是同辈互学都是教师们持续学习的重要渠道。尽管 STEM 教师此前可能是某一学科的骨干教师，对于所教学科的专业知识掌握得较娴熟，但是在组织与实施跨学科的 STEM 教学时所需要的教学自信与自我效能还是需要教师持续地学习与不断地探索才能拥有。

STEM 教师进行知识探寻的最好方式就是参与各种专业发展活动，专业发展一直被用作教育教师机构在实施新标准和新的国家教育举措时改变教师的最佳途径。当前美国联邦政府和地方政府的教育目标和政策举措侧重于让更多学生参与 STEM 学习活动，希望他们能持续学习 STEM 课程，并在成年之后选择 STEM 职业道路，以满足 STEM 人才培养需求，同时提高所有公民的 STEM 素养。教师必须正确地了解其学科领域内 STEM 改革运动不断演变的细微差别，并熟悉其他相关学科的变化。循证研究表明，专业发展对教师持续专业成长至关重要，那些坚持终身学习或专业发展的教师指导的学生比不参与终身学习的教师指导的学生取得了更高的学业成就。

作为一名 STEM 教师，最重要的事情就是关注教学艺术，具备引导学生高效学习的技能(而不是支配能力)，让学生主动开展科学探究，像工程师一样思考，协助学生在课堂上使用数字工具和技术，与同行一起研究教授 STEM 课程的有效方法。研究表明，当 STEM 教师与专业学习社区的其他教师合作时，可以取得以下结果：增加 STEM 学习的参与度以及知晓如何进行教学；了解更多的 STEM 学科内容；教授 STEM 内容时，会感觉准备得更充分；将会加强以探究为导向的教学方法；会更加关注学生的推理和理解能力。

纳格迪的研究结果表明，尽管教师重视 STEM 教育，但他们也坦承了在实施 STEM 时面临的教学挑战、课程挑战、管理挑战、对学生的担忧、对评估的担忧以及缺乏教师支持等障碍。教师们认为改善他们实施 STEM 教育的支持包括与同行的合作、优质课程分享、学区领导支持、先前的经验和有效的专业发展。

二、STEM 教师对于推行 STEM 教育的不可或缺性

STEM 教师的素质对学生的学业成功至关重要。优秀的教师能激发学生全身心投入学习，克服学习过程中的障碍，激发学生追求新的发现和创造。任何一个有过求学经历的人都知道，教师会给学生的学习及生活带来巨大的改变。虽然不是每个人都能回忆起像海梅斯·埃斯卡兰特(美国著名数学教师)这样的传奇老师的影响力，但是很多人曾有过这样的经历：一个优秀老师会激发他们对某一学科的热情，教会他们终身受益的知识与技能，或者帮助他们克服学习障碍以取得持续的进步。事实上，大多数在 STEM 领域工作的人或对 STEM 感兴趣的人将向那些引导他们认识到数学的魅力、科学的奇迹或技术的力量的教师们致以虔诚的敬意，是那些睿智旷达的教师竭力激发年轻人的学术潜能，相信他们能够掌握这些学科知识。

2007 年，美国国家科学委员会(NSB)发布《培养 STEM 教师：全球竞争力的关键》报告，指出与美国社会中的许多部门一样，教师准备机构正在努力解决国家在全球竞争力方面面临的关键挑战。为了确保所有美国人都能在 STEM 领域接受世界一流教育，美国国家科学委员会的首要任务就是建设一支高质量的教学队伍。同样，在《战胜风暴》中，美国国家科学委员会追踪了美国高校科学、工程技术专业的人才培养情况，发现科学技术类专业人才的长期性短缺导致 K-12 学校的数学和科学教学师资队伍严重不足。"我们需要招聘、教育和留住优秀的 K-12 教师，他们从根本上了解生物、化学、物理、工程和数学"，该报告说道，"如果美国想在 21 世纪全球竞争中取得成功，没有什么比这更重要的了。"[26]

STEM 行业领域时刻保持着发展和变化，因此 STEM 学科的教师需要对他们的教学风格采取创造性和适应性强的方法，以充分满足学生的学习需求与职业探索。在 STEM 教学中，教师不只是在学生犯错时提供信息和纠正他们，相反，理想的 STEM 学习环境就是提出问题并鼓励独立思考。在 STEM 学习活动中，不断试错才会让学生有可能找到解决问题的方案，这也是年轻人健康成长的重要组成部分。

三、STEM 教师的供应与储备迫在眉睫

美国联邦政府推出的 STEM 教育战略规划需要大批高素质的 STEM 教师来加以支撑，因此培养与储备足够数量的 STEM 教师则成了美国历届政府亟待解决的关键问题。与此同时，美国大多数州和地区面临着合格的数学和科学教师短缺的窘境，因此，一些没有职前培训经历的教师被分配到"非专业领域"教授数学或科学，尽管研究表明，学生从经历过教学法培训的数学和科学教师那里能够学到更多的东西。2002 年，17%～28% 的公立高中科学教师拥有本学科的专业学位，20% 的数学教师在他们的教学领域缺乏完整的认证，这个问题在中学的比例更高。此外，数学和科学教师的年均人员流动率皆为 16%，是所有学科领域中最高的。[27]

专业不匹配和教师流动性大在农村与城市的贫困地区更普遍，它们共同作用形成了全国性的教育不公平现象，同时也是数学和科学教师准备不充分的根源所在。事实上，许多 STEM 教师既不是数学教师，也不是科学教师；而那些专业匹配的部分教师，却只是暂时地留在学校，一旦有更高薪酬的工作机会，就会逃离教育行业。教育行政部门、大学与中小学都深刻地意识到这些挑战，并积极采取应对措施改进职前准备工作，以便为中小学 STEM 教育培养更多优质的教师。美国教师教育学院协会（AACTE）很自豪地展示了一系列已在进行的行动举措，以此说明全国 50 所教育学院正在齐心协力解决 STEM 教师供应不足的难题。正如国家科学委员会所担忧的那样，单一的培养模式已不奏效，需要整合社会各界的力量进行协同培养以构建一条连贯且稳定的培养通道。

稳定的 STEM 教师供应链不仅扩充职前教师的培养数量，还要加强在职 STEM 教师的专业培训，为他们开展高质量的 STEM 教学提供知识与技能的更新。除了招聘和培养新的 STEM 教师外，在职 STEM 教师还必须能够持续性地提高知识和技能。尽管由联邦科研机构和非政府组织（各类基金会）推出许多 STEM 专业发展项目，但在质量和影响方面参差不齐。联邦政府应该在支持 STEM 教师的有效职业发展和启动新型专业发展计划的研究方面发挥重要作用。因此，国家应投资于教师职前培养计划，为教师提供高效的内容知识准备、教学培训和入职培训支持，并收集关于教师保留率和教师对学生学习和成就的影响的数据。在进行此

类投资时，必须特别关注项目的可扩展性和经验累积，因为这些项目的成功经验将对全美未来所培养的教师数量产生极大影响，并为提炼项目成功要素提供绝好机会。

联邦政府或州政府在确定哪类项目值得推广复制时，需要审查这些项目是否具备以下特点：(1)K-12 学校和教师培训项目之间的密切合作，包括实践教师和管理者参与教师培训。(2)STEM 院系和教育学院的教师之间的合作，使新教师能够学习深入的内容专业知识以及主题教学。(3)注重持续支持初任教师入职，承认教学技能的获取是一个需要长期积累的过程。(4)提供支持性工作条件，包括良好的教学材料、明确的指导、学校和地区强有力的行政领导，以及将致力于雄心勃勃的 STEM 教学的教师联系起来的网络。同样重要的是，教育行政部门应该总结与提炼那些卓有成效的教师培训项目的特色做法，以便顺利推广和复制。这些做法可能包括成本效益评估、可以复制到不同机构和地点的结构要素、可向他人传授的管理和运行模式以及可随时调整和宣传的材料和工具。

正如美国教育部 STEM 计划前副主任梅丽莎·莫里茨所言，如果每个教室里无法配置一位优秀的 STEM 老师，美国社会将继续接受学生在 STEM 教育方面表现平庸的现实，同时意味着剥夺学生参与高质量 STEM 学习的机会并最终阻碍社会经济的持续稳定发展。

参考文献

［1］Sanders, M. (2009). STEM, STEM Education, STEM Mania. Technology Teacher. https://doi.org/10.17763/haer.57.1.j463w79r56455411.

［2］Noa Lemoine(2013). Science, Technology, Engineering and Math (STEM) Education: Elements, Considerations and Federal Strategy. New York: Nova Science Publishers, Inc: 169-172.

［3］Science. (n.d.). Collins English Dictionary-Complete & Unabridged 10th Edition. http://dictionary.reference.com/browse/science.

［4］Mathematics. (n.d.). Collins English Dictionary-Complete & Unabridged 10th Edition. http://dictionary.reference.com/browse/mathematics.

［5］［6］International Technology and Engineering Education Association (2011). Technology for All Americans Proiect. Reston. VA: Author.

［7］Ramaley, J. A., Olds, B. M., Earle, J. (2005). Becoming a Learning Organization: New Directions in Science Education Research at the National Science Foundation. Journal of Science Education and Technology, 14(2):173-189.

［8］NSF. A National Action Plan for Addressing Key Needs of the US Science, Technology, Engineering, and Mathematics Education System. https://www. nsf. gov/pubs/2007/nsb07114/nsb 07114. pdf.

［9］NSTC. Charting a Course for Success Stem Education. America's Strategy for STEM Education. https://www. energy. gov/articles/charting-course-success-americs-strategy- stem-education.

［10］［11］White, D. W. (2014). What is STEM Education and Why is it Important? Florida Association of Teacher Educators Journal, 1(14):1-8.

［12］NSF. Elementary and Secondary STEM. Teachers of Mathematics and Science Education. https://ncses. nsf. gov/pubs/nsb2019.

［13］［18］［19］［20］Maria Norris. Why is STEM Important? The Impact of STEM Education on Society. https://www. studyusa. com/en/a/2157/why-is-stem-important- the-impact-of-stem-education-on-society.

［14］［15］［16］［17］What is STEM Education? Elaine J. Hom, Daisy Dobrijevic. https://www. livescience. com/43296-what-is-stem-education. html.

［21］［22］Mohamed El Nagdi (2018). Developing Identities of STEM Teachers at Emerging STEM Schools. International Journal of STEM Education, 5:36.

［23］National Commission on Teaching and America's Future. STEM Teachers in Professional Learning Communities. https://files. eric. ed. gov/fulltext/ED521328. pdf.

［24］Jairo Ortiz-Revilla (2021). A Theoretical Framework for Integrated STEM Education. Education Science & Education August, 31:383-404.

［25］Amelia Harper. Risk-taking Adds Value for Both Educators, Students. https:// www. k12dive. com/news/risk-taking-adds-value-for-both-educators-students/517390/.

[26] AACTE. Preparing STEM Teachers: The Key to Global Competitiveness. https://files. eric. ed. gov/fulltext/ED497260. pdf.

[27] Ingersoll, R. M., Perda, D. (2010). Is the Supply of Mathematics and Science Teachers Sufffcient? American Educational Research Journal, 47(3):563-594.

第二章　STEM 教师供应与配置现状分析

美国社会各界对 STEM 的共同关注证明了一个日益严峻的事实，即美国如果在未来十年之内不能取得科技的突破性进展，或者没有一支能够完成此项任务的 STEM 劳动力队伍，那么美国的科技创新优势在国际上很有可能被其他国家超越。尽管美国的高校和企业在继续推动 STEM 领域的技术创新，但国家的公共教育系统是否能够维持 STEM 人才的充足供应，从而为科技创新提供不竭的发展动力，这一点尚值得怀疑。多年来，教育工作者、政策制定者和公众一直期待着美国的学生在 STEM 方面的表现优于国际同行，为了促成这种期待的实现，各级各类学校加强 STEM 教育已然迫在眉睫，但目前增强 STEM 教育的根本性障碍就是公立学校没有足够的 STEM 教师。

第一节　STEM 教师的供应与需求情况

STEM 教师供应中最重要的因素是培养新教师，这不仅是全美高等院校肩负的重要使命，更应是州和学区所应承担的公共责任。所有州都必须遵守《高等教育法》条款二规定的联邦报告要求，收集新教师培养或供应的数据并提交给联邦教育部。

一、STEM 教师供应与需求失衡

美国《高等教育法》授权联邦政府为各州教师职前培养计划提供资助，也会要求各州汇报教师需求与供应情况。然而，联邦政府并没有形成一个全国性的教师供需情况汇总表，只是提供了各州教师需求与供应的数据，并针对不同情形采

取对应措施。

2021 年在各州提交给联邦政府的数据中,STEM 教师需求数据的可用性远不如供应数据。只有 16 个州公布了教师需求数据的详细情况,其中包括现有就业劳动力中的教师人数(现有教师供应已经满足教师需求部分)、空缺率、新招聘人数,以及理想情况下教师被指派在其认证领域之外教授课程的普遍性。在剩下的 35 个州中,有 13 个州公布了一些关于教师需求的数据,但是忽略了一些关键因素,大部分数据只与现有的职位空缺有关。在大多数情况下,唯一可用的数据是现有就业劳动力中的教师数量,这意味着每年的净变化可以归因于人员流失或新教师加入,但两者各占了多少比例也没有明确区分。例如,田纳西州报告的数据显示,到 2020 年,该州的小学教师为 39563 名,而 2019 年为 39252 名。[1]我们不能从这些数据中了解到,2020 年是否只雇用了 311 名新教师,2019 年是否也出现了一定程度的教师流失,新教师补充人数实际上更多。从这些数据中人们也不知道是否还有空缺职位没有招聘到合格教师,或者有些空缺已被填补。在公布部分教师需求数据的 13 个州中,有 9 个州列出了教师非专业领域教学的百分比,亚拉巴马州、阿肯色州、佐治亚州、北达科他州和怀俄明州这 5 个州还报告了持有临时证书(即未经完全认证)的教师情况,而这些数据都与职位空缺无关。各州教师供需数据应该报告有多少新的空缺职位,而不是阐述为了配备适当的人员所采取的举措,比如由非专业教师或未经过完全认证的教师来填补这些空缺,唯有如此才有可能全面地了解教师短缺的情况,并使各地区能够更好地确定招聘策略和教师人才分配计划。

STEM 教师短缺已经成为一种跨越世纪的历史遗留问题了,目前美国的教师短缺通常被认为是因过去半个世纪以来女性在教育和护理行业之外的职业选择机会增多或对教育职业的兴趣减弱而导致的。事实上,教师短缺一直是美国社会反复关注的话题。例如,1980 年,即将离任的伊利诺伊州教育督学写道:"数学、科学,甚至英语教师的短缺已经开始出现。"1983 年的开创性报告《国家处在危急之中》指出:"没有足够的学术能力卓越的年轻人被教学职业所吸引……太多的教师从高中和大学毕业生的最后 1/4 中抽取出来……关键领域的教师严重短缺。"[2]尽管教师队伍总人数过多已是现实,但某些类型的教师仍然严重短缺,比如数学、科学和外语领域的教师,天才教育教师,少数民族语言和残疾学生的教师。数学和科学领域的教师短缺尤其严重。1981年联邦教育部对45个州进行的调查显示，43个州的数学教师短缺，33个州的地理科学教师严重短缺，全国各地的物理教师也严重短缺。[3]

进入21世纪以后，随着国家对STEM教育的日益关注，教师短缺的担忧重新得到了关注。根据华盛顿邮报等主流媒体的多个报道，2015年美国公立学校面临的教师短缺达到了新的高度。联邦教育部的官员也证实了这种说法。即将离任的教育部长阿恩·邓肯在《洛杉矶时报》8月的一篇专栏文章中讨论了教育资源短缺的问题，他写道：合格的数学和科学教师短缺使这种情况更加严重，这严重影响了为低收入和少数族裔学生服务的学校。[4]在加利福尼亚，数学、科学和计算机教育方面的教师短缺已经持续了十多年。2015学年，加利福尼亚地区需要填补21000多个教师职位，其中许多是难以招聘的STEM科目。

（一）STEM教师总体人数供应不足

全国教师短缺已是普遍现象，联邦政府高度关注教师短缺问题，并将教师短缺视为推行美国STEM教育卓越计划的最大障碍。美国超过一半的学校存在很难招聘和留住合格的STEM教师的现象。在亚利桑那州，整个K-12教育系统都存在STEM教师短缺的现象，并且STEM核心科目（如数学、普通科学、生物学和化学）的教学缺乏专业知识扎实的优秀教师，例如，八年级学生的数学教师只有20%拥有专业学位（全国平均水平为31%）。[5]事实上，截至2019年1月，亚利桑那州有近23%的教师职位空缺。短缺影响到所有学术科目的课堂教学，但可能最紧缺的还是STEM领域。亚利桑那州立大学莫里森研究所（Morrison Institute）调查的近四成学校管理人员表示，数学教师最难招聘。教师短缺不仅会带来STEM教育质量的下降，还导致STEM的学习机会减少，而美国社会需要更多年轻人对STEM感兴趣，而且将这种兴趣延续到在高等教育阶段，从而为国家培养更多高水平的STEM人才。根据美国物理研究所统计研究中心（《今日物理学》的出版商）的数据，大约有27000名教师在美国高中教授物理。全国物理教师的短缺为1.5万到2.3万名。[6]

UTeach是得克萨斯大学奥斯汀分校实施近25年的科学和数学教师准备项目，现已在23个州的49所大学复制推广，这些大学培养的物理教师为80%或

100%的高中生学习物理提供了师资力量。UTeach 的执行董事兼联合创始人迈克尔·马德尔（Michael Marder）在 2021 年 10 月 25 日一篇题为《美国 STEM 教师短缺有多严重?》的博客文章中解释了他的计算结果。据 Marder 的说法，在 STEM 相关领域，2017—2018 年度高中教师短缺约为 10 万人，中学为 15 万人。[7] 为了解决赤字并弥补高中教师退休和辞职带来的空缺，美国需要在十年内每年再培养 1 万名 STEM 教师。然而，现实情况却是当下师范生获得 STEM 中学教师资格证书的人数正在减少。对于大学准备机构的教师来说，这种趋势是"令人担忧的"，马德尔指出，学费上涨和不断增加的资格要求是罪魁祸首，从本科学位到教学资格证的成本增加正把人们从教育行业挤出去。

针对全国范围内 STEM 教师短缺问题，美国社会应该如何准备、招聘和留住学校需要的教师，为 STEM 课堂教学配备高水平的专业教师？亚利桑那科学中心的总裁切维·汉弗莱对此作出了回应，他认为 STEM 教师短缺是劳动力市场配置失衡造成的，仅凭学校自身无法解决，也不是通过提高教师工资就能快速解决。相反，它需要在联邦和地方两级协同作出一系列反应，联邦需要持续投入经费资助更多教师职前培养项目，而地方学区则需要与大学的教师准备机构合作，寻找更好的方法激励年轻人选择教师职业，并进一步鼓励他们关注 STEM 领域。此外，社区和 STEM 教育机构还需要为 STEM 教师提供专业发展机会，确保教师在工作中得到支持，并拥有在课堂上脱颖而出的知识和能力。

（二）STEM 教师需求数量缺乏科学的预测模型

2016 年学习政策研究所发布的《即将到来的教学危机？美国教师供给、需求和短缺》报告分析了教师短缺的情况，以及国家和地区教师供需的趋势。研究所使用一些联邦数据库的相关数据，了解影响供需的因素（包括新进入者、重新进入者、预计雇佣人数和自然流失率）在不同假设前提下可能出现的变化，确立教师需求模型，并呈现了当时教师短缺状况和预测教师需求的未来趋势。

报告首先指出，依据教师供求指标的全国数据，当前教师短缺现象较明显，在 2008 年至 2012 年经济衰退期间，由于学生入学人数的增加以及各学区努力增加替代性教师供应以及职前培养项目的减少，教师进入这一行业的人数大幅下降，然而随着学生入学人数的增加、学生教师比例的变化，以及教师流失率增加，教师需求正在上升。除了简单的供求指标之外，根据教师劳动力市场的最新数据进行的统计预测表明，如果目前的影响因素持续发力，当前的短缺状况将延续到未来(见图 2-1)。

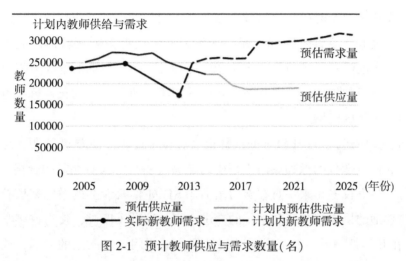

图 2-1 预计教师供应与需求数量(名)

数据来源：Sutcher, L., Darling-Hammond, L., Carver-Thomas, D. (2016). A Coming Crisis in Teaching? Teacher Supply, Demand, and Shortages in the U.S.. Palo Alto, CA：Learning Policy Institute.

正如报告所描述的那样，基于新进入者、潜在重新进入者和预计新招聘教师数据的教师供求模型显示，2015—2016 学年估计约有 64000 名教师短缺。在大约 260000 名新教师的需求中，可用的合格入职教师人数约为 196000 人。[8] 这种供需不均衡反映了合格的新教师或重新入职教师的数量与理想的教师供应数量之间的差距。通常教师短缺可以通过雇用那些没有为教学工作做好充分准备的临时教师来解决，在寻找雇用临时老师过程中，学校尽量确保班级规模和学生人数不要超过预期，或者取消那些缺乏师资的课程或项目。

学习政策研究所依据现有数据作出预测，到 2025 年，全美估计每年将需要 31.6 万名新教师。[9] 除非未来几年教师供应发生重大变化或对额外教师的需求减少，否则到 2018 年，每年的教师短缺可能会增加到 112000 名教师。该报告并没有具体阐述 STEM 面临的教师短缺情况，只是简要地提及目前各州正面临着学科领域教师短缺的问题。在2015—2016学年，48个州和哥伦比亚特区报告了特殊教育教师的短缺；42个州和哥伦比亚特区报告了数学教师的短缺；40个州和哥伦比亚特区报告了科学教师的短缺。

根据全国目前的数据结果与需求预测，教师区域性短缺或学科性短缺经常发生，如果没有采取及时措施，这种情形还会持续加剧。为了充分了解不同地区教师短缺的程度和严重性，联邦与州必须更加深入地挖掘影响教师供应需求的因素，以及制定能够对教师劳动力市场产生影响的政策。短期的解决方案可能会暂时缓解教师匮乏的担忧，但只有注重合理的招聘和留住策略的长期解决方案才能根本性地解决短缺问题。

正如前文所述，STEM教师的稀缺很大程度上是一个区域性问题，是特定学校可雇用的特定学科的教师供需不平衡的结果。一些学校有充足的合格STEM教师，而另一些学校多年来一直在努力培训非STEM学科专业的教师来填补空缺职位。职前教师的供应与学区和学校的需求之间的这种不匹配，使得许多学区领导人面临"在开学第一天不能把所需学科教师，更不用说高质量的老师，放在每个学生面前"的尴尬情形。当然支持地方学区（即"消费者"）与当地大学、学院和其他教师准备项目（"供应商"）之间合作和互利伙伴关系的政策和激励措施可以从某种程度上帮助解决教师短缺问题，这种类型的合作关系必须有意识地在教师准备计划和地区需求之间形成，以减少STEM教师的供求不平衡。各州也必须通过研发和有效利用全面准确的数据跟踪系统来收集相关信息，以预测准确的STEM教师空缺数量。

然而，在过去的10年里，美国只有大约一半的州提供了详细的教师供求报告。2009年，美国研究所的中西部地区教育实验室进行了一项研究，以检验7个州用于追踪教育者供求数据的方法。该报告的调查结果表明，各州使用了广泛的计算方法来评估它们的需求，例如，2个州使用了单一指标来衡量教师短缺状况，还有3个州从州行政数据以外的多个来源收集数据，以深入了解短缺问题产生的原因，另有2个州不仅报告过去的趋势，还预测未来的教师需求。

虽然这些努力表明各州都在试图对本州教师的供应与需求情况进行全面的追踪了解，采取必要的手段收集相关数据，但尚未形成完善而可靠的数据系统，以跟踪和准确预测教育工作者的供求情况。同时，在开发这些数据系统的过程中，各州和教师培训计划确实面临着一些挑战，包括数据不完整或不一致，无法最大限度地发挥数据的全部潜力，资源不足导致持续收集和更新数据超时，以及在教育领域缺乏共识，究竟应该使用何种数据来跟踪教育工作者的供求。尽管存在这些挑战，美国政府还是希望改善教师供求的不平衡现状，试图利用各州开发的数据跟踪系统来调整优化区域性教师均衡配置。

STEM 教师短缺更是一种学科性短缺的现象，尽管州和地方优先考虑扩大学生在 STEM 关键领域的学习机会和提高教学质量，但 STEM 教师的供应增长缓慢。在新兴的高需求 STEM 学科，如计算机科学，现在被列为核心学科，很少有教师有计算机科学(CS)的官方资格证书。预测估计到 2025 年需要超过 3 万名教师有资格在中学教授计算机科学。如果目前接受计算机科学培训的教师比例保持不变，全国可能会面临约 23000 名计算机科学教师短缺的问题。[10]根据"教育优先"(2016)的报告，"在 STEM 教师职前准备标准越来越严格，学生背景多样化以及教育评估体系更完善的时代，新教师应对创新的课堂教学需要更高水平的专业知识储备"[11]，而教师培训项目在很大程度上未能适应快速变化的环境和教师专业发展的要求，包括所有 PK-12 教师需要做好准备提供 STEM 整合式教学。

尽管超过一半的州向联邦政府提供了教师供需数据，但由于数据只是汇报各州总体供应情况，没有区分学科领域或认证层级(小学或中学)，因而使得数据利用价值不大，因此很难确定哪些地区存在短缺，哪些科目面临人手不足。在学区一级，或者至少在州内的地区一级，没有分类的数据无法了解当地教师劳动力市场的供需情形。例如，马萨诸塞州西部学校的劳动力市场与波士顿地区的劳动力市场截然不同，因此，一个将两者结合起来的州数据库掩盖了该州西部地区劳动力短缺的问题。从根本上说，教师供求失调是一个地方性问题，需要地方层面的数据来支持地方性解决方案。按认证地区划分的数据使各地区能够制定更准确、有针对性的招聘和留用政策，例如选择招聘的教师准备计划，针对短缺地区制定特殊的师范生教学或实习计划，或为难以配备人员的科目支付额外工资。有了这种分类数据，教师准备计划也有助于填补教师供求之间的差距，因为分类数据能够为教师候选人提供准确信息，更好地了解当地劳动力市场的供需情况，知道哪些是学科领域急需教师，哪些学科领域教师供过于求以及哪些学科难以快速就业。

二、STEM 师资分配面临区域性不均衡

美国的公立学校一直在为促进教育公平而持续推进改革，但在确保所有学生获得公平的教育机会以及教育效果平等方面仍存在一些差距，其中包括阅读和数学标准化测试的成绩不平等；中学毕业率的不平等；根据学生的种族、族裔和社会阶层背景对学生进行更多的隔离；地区之间和地区内不同学校的公共资金分配不平等；获得先修课程的机会不平等，这些课程是申请大学的加分项；通过广泛而丰富的课程学习以培养学生理解能力和批判性思考的机会不平等；有色人种学生和移民学生更多地被分配到特殊教育班，而这些特殊教育班的教育机会有限。这些教育机会不平等问题很多时候也是教育资源分配不均衡导致的，其中就包括合格教师的区域性配置不均衡。

当然世界上许多国家在合格教师的分配上一样也存在不公平的现象。目前美国的情况是，在不同学区工作的教师接受职前准备训练方面存在较大差异，有些教师是通过一类"快速通道"项目进入教学行列，在这个项目中，新手被分配到内城区和农村地区的贫困学校从事教学。这些初任教师在担任注册教师的同时需要完成大部分的职前准备训练，而中产阶级孩子就读的公立学校中并不存在"快速通道"培养出来的教师。尽管对不同职前准备途径培养的教师质量的研究还没有形成定论，但有一些证据表明，学生正由于缺乏优秀教师的指导而面临着不同程度的"学习损失"，因为职前准备不足的初任教师陆续地填充着贫困学校的空缺职位（在成为专任教师之前完成了初始教学许可证所有准备的教师），他们吃力地应对工作中的各种挑战，有时候甚至无法承受太大的职业压力而逃离教育行业，贫困学校教师的高流动率就是很好的例证。

2013 年国家科学基金会发布的《全国数学与科学教育调研报告》指出，2011年，绝大多数公立初中和高中数学（91%）和科学（92%）教师都获得了完全认证（即持有常规或高级国家认证证书）。从 2003 年到 2011 年，拥有州全面认证的数学和科学教师的比例分别增加了 6 个百分点和 9 个百分点。在许多类型的学校中，获得全面认证的教师有所增加，但在高少数民族学校（从 2003 年的 79%增加到 2011 年的 90%）和高贫困学校（从 80%到 91%）的科学教师中更明显。[12]尽管有这些增长，但与低少数民族学校和低贫困学校相比，高少数族裔学校和高贫困

学校中获得完全认证的数学和科学教师仍然不那么普遍。例如，高贫困学校 88%
的数学教师获得了完全认证，而低贫困学校的这一比例为 95%。拥有所教学科学
位(即专业学位)的数学和科学教师的普遍程度也因学校贫困程度而异。例如，
在低贫困学校，75% 的中学数学教师拥有专业学位，而高贫困学校的这一比例为
63%。在高中阶段，低贫困学校 95% 的数学教师拥有专业学位，而高度贫困学校
的这一比例为 87%。

　　斯坦福大学教授达林·哈蒙德认为，"教师在学生学习中发挥着重要作用，
国家应该确保所有学生都能由合格与有效的教师施教"。然而，国家科学、工程
和医学研究院的报告《改变对 K-12 年级教师队伍的期望》却指出，"没有公认一
致的方法来确定教师的质量，但是有来自各种教学环境的长期证据表明，教师资
格分配不公平，有色人种的学生和生活贫困的学生倾向于被分配给经验不足和资
质较差的教师"。一些衡量教师质量的指标，比如教师资格证书、教学经验和所
教科目的学位，在不同的学生群体中差异很大，高质量的教师在少数族裔和贫困
人口占比较高的学校中不太普遍。

　　本书使用来自 2017—2018 年全美教师和校长调查数据(NTPS)和 2018 年教
学和学习国际调查(TALIS)的数据来呈现美国公立中学数学和科学教师区域分配
不均的情况。全美教师调查数据显示，全国 90% 以上的公立中学数学和科学教师
持有正规或高级教学证书，几乎所有教师都拥有学士学位或更高学历。在 2017—
2018 年度，他们的平均年薪约为 6 万美元(见表 2-1)。拥有专业学位或证书的
STEM 教师百分比因少数民族入学率、学校贫困程度和地区而异。在少数族裔入
学率较高的学校，拥有专业学位的初中数学教师不那么普遍，同样拥有专业学位
的初中数学和科学教师在高贫困学校中也不那么普遍。例如，在少数族裔入学率
低于 25% 的学校，75% 的中学数学教师拥有专业学位或证书，而少数族裔入学率
为 75% 以上的学校，这一比例为 61%。同样，在有资格获得免费或减价午餐的学
生占比少于 35% 的学校中，76% 和 80% 的中学科学和数学教师拥有专业学位，而
在符合条件的 75% 以上学生的学校中，分别有 62% 和 68% 的教师。专业匹配程
度因地区而异，南方地区与其他区域相比，拥有专业学位的高中物理科学、生物
学或生命科学教师最不普遍：南方 60% 的高中物理科学教师拥有专业学位，而东
北部、中西部和西部至少有 79% 的物理教师有专业学位。

表 2-1　**2017—2018 年公立中学教师按教学领域分列的学位与薪酬情况（百分比和美元）**

分类特征	数学教师	科学教师	其他教师
拥有学士或更高学位	98%	97%	96%
拥有常规或高级认证	92%	90%	90%
平均年薪	59600	60500	59300

注：①其他教师指除了数学与科学教师之外的教师。

②数据来源：NSF. Elementary and Secondary STEM. Teachers of Mathematics and Science Education. https：//ncses. nsf. gov/pubs/nsb20211。

经验较少的数学和科学教师（以多年教学经验衡量）在高少数族裔和高贫困的学校中更普遍。例如，高贫困学校有 23% 的教师有 3 年或更少的教学经验，而低贫困学校只有 14%（图 2-2）。也存在区域差异，特别是在科学教师中，南方 20% 的科学教师有 3 年或更少的教学经验，而东北部则为 10%，中西部 14%，西部 15%。

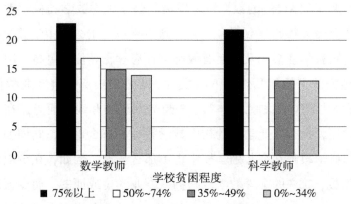

图 2-2　具有 3 年或以下教学经验的公立中学和高中数学和科学教师，

按学校贫困程度划分：2017—2018 学年

注：学校贫困水平是有资格享受免费或特价午餐的学生的百分比。

数据来源：National Center for Science and Engineering Statistics，Special Tabulations（2020）of the 2017—2018 National Teacher and Principal Survey，National Center for Education Statistics。

教师认证、教学年限和所教授学科的专业学位等因素在学生群体中差异很大，在少数族裔和贫困人口较多的学校，高素质教师的比例较低。本书使用美国国家教育统计中心（NAEP）2015 的数据来说明美国公立学校八年级数学教师的资格和经验情况。

2015 年，90% 的公立学校八年级学生由获得州认证的数学教师（表 2-2）授课，但是这些获得州认证资格的教师在不同学校分布并不均衡。在少数族裔学生比例较高的学校（即少数族裔入学率达到 75% 或以上），84% 的数学教师获得了数学认证，而在少数族裔入学率低于 75% 的学校中，这一比例为 92%。[13] 获得全国学校午餐计划（NSLP）资格的经过认证的数学教师的比例也有所不同，与不符合 NSLP 资格的同龄人（92%）相比，这些获得 NSLP 资格的学生由经过认证的数学老师授课的可能性也要小一些（88%）。

表 2-2　8 年级的公立学校学生，拥有国家认证教师，5 年以上教学经验或数学学位，按学生和学校特点分类（百分比）：2015 年

学生和学校特点	州教师认证	5 年以上教学经验	数学学位
所有学生	89.6	75.3	82.4
学校少数族裔入学率			
小于 75%	91.7	77.5	83.7
75% 以上	83.5	69.0	78.7
全国学校午餐计划学生身份[a]			
不符合条件	91.7	78.4	85.0
符合条件	87.8	72.5	80.3

注：NAEP 使用联邦国家学校午餐计划的资格作为社会经济地位的衡量标准。该计划是一项联邦辅助膳食计划，为符合条件的学生提供低成本或免费午餐。它通常被称为免费或减价午餐计划。

2015 年，全美约 75% 的八年级学生由 5 年以上教学经验的数学老师授课，但这一比例在不同学校分布并不均衡，从少数民族学生入学率较高学校的 69% 到少数民族学生入学率较低学校的 78% 不等。具有 5 年以上教学经验的数学老师在

符合 NSLP 资格的八年级学生的比例(73%)低于不符合 NSLP 资格的学生的比例(78%)。2015 年，大约 82% 的八年级学生的教师拥有数学学位，少数族裔占比较高的学校教师拥有数学学位的比例为 79%，少数族裔占比较低学校的教师比例则为 84%。[16]

总的来说，美国中小学 STEM 教师面临着总体供应不足的局面，这种不足在不同区域还表现出较大的差距，农村和内城区的少数族裔学校、贫困学校在合格教师的分配上处于不利的位置，即更少机会配置到合格教师。研究者认为，校与校之间的教师分配差距绝非学校自身所能解决，还需要联邦与州政府采取协同行动来消弭。

第二节　STEM 教师的专业匹配度状况

2022 年美国学区小组的一项调查发现，90% 的学区在 2021—2022 学年的某个时候引入了运营变革，以应对教师短缺。此外，全国约有 163650 名(约 5%)教育工作者目前正在教授他们学科领域之外的课程，或者没有法定的教师资格证书，这其中就包括部分 STEM 领域教师缺乏专业资格证书而执教中小学课堂的尴尬情形。

一、中学 STEM 教师的专业任职资格情况

据美国国家科学委员会的统计数据，全国 90% 以上的公立初中和高中数学和科学教师持有正规或高级教学证书，几乎全部持有学士学位或更高学历，但是这并不意味着那些获得教学资格证书的教师是在持证的专业领域教学，也就是说，教师所教学科很有可能与其大学所学专业不太匹配。STEM 教师职前准备至关重要的一点是教师是否在他们教授的特定科目中拥有学位或证书(即是否获得专业学位)。研究表明，拥有专业学位或资格认证的学科教师教学效果更好。在初中阶段，69% 的数学教师和 76% 的科学教师拥有专业学位或证书(分别是数学或数学教育以及科学或科学教育)(见图 2-3)。在高中阶段，大约 90% 的数学教师和生物学或生命科学教师拥有专业学位或证书，76% 的物理科学教师持有专业学位或证书(见表 2-3)。

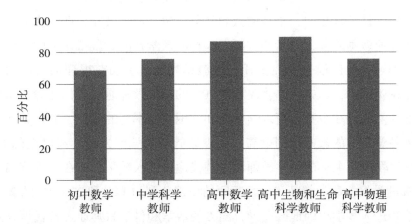

图 2-3 公立初中和高中数学和科学教师与学科领域准备：2017—2018 学年

数据来源：NSB. Science and Engineering Indicators：Teachers of Mathematics. https：//
ncses. nsf. gov/pubs/nsb20196/teachers-of-mathematics#tablectr1536。

表 2-3 **2017—2018 年公立中学数学和科学教师专业学科准备情况，**
按教学领域和学校特点分类（百分比）

学校和学科	少数族裔入学率[a]				学校贫困水平[b]				地区			
	0~24	25~49	50~74	75 或更多	0~34	35~49	50~74	75 或更多	东北	中西部	南部	西部
初中数学	75	75	63	61	76	73	67	62	75	72	65	71
初中科学	77	74	79	76	80	78	77	68	82	79	72	77
高中数学	88	91	87	83	88	87	91	83	85	91	87	86
高中生物	92	87	93	85	92	93	87	87	96	94	81	95
高中物理	80	78	69	73	84	70	71	71	91	79	60	80

注：专业科目准备是指具有数学或数学教育学位及/或完全证书的数学教师，以及具有科学或科学教育学位及/或完全证书的科学教师。

a. 少数族裔入学的学生包括黑人、西班牙裔、亚洲人、夏威夷原住民或太平洋岛民、美国印第安人或阿拉斯加原住民，以及两个或两个以上的种族。

b. 学校贫困水平是有资格获得免费或特价午餐的学生百分比。

数据来源：National Center for Science and Engineering Statistics，Special Tabulations（2020）of
the 2017—2018 National Teacher and Principal Survey，National Center for Education Statistics。

教师资格的另一个方面是教师获得认证的途径，无论是传统的还是替代的途径。在传统的认证计划中，未来的数学和科学教师通常会完成课程作业，在获得证书成为注册教师之前，与指导教师一起打磨教学技能。获得认证的替代途径因州而异，但通常允许候选人在担任代课教师期间，参加获得证书所需的课程学习。在全国范围内，24%的数学教师和30%的科学教师通过替代性途径认证进入教学行业。然而，在少数族裔入学率高和贫困入学率高的学校，通过替代性认证途径进入教学行业的教师比例更高。在少数族裔入学率为75%或以上的学校中，37%的数学教师和41%的科学教师通过替代途径进入教学，而在少数族裔入学率低于25%的学校，数学教师和科学教师的比例分别为14%和23%（见图2-4）。通过替代途径进入教学也因地区而异，南方的数学和科学教师通过替代课程进入教学的比率高于东北部、中西部或西部的教师。

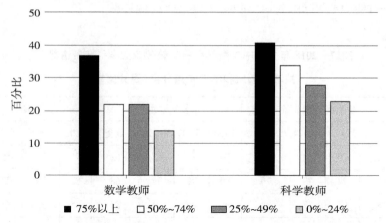

图 2-4　通过替代认证计划进入教学的公立初中和高中数学和科学教师，
按学校少数族裔占比分类：2017—2018 学年

数据来源：NSB. Science and Engineering Indicators；Teachers of Mathematics. https://ncses. nsf. gov/pubs/nsb20196/teachers-of-mathematics#tablectr1536。

二、小学 STEM 教师专业资格任职情况

小学 STEM 教师的专业匹配情况相较中学 STEM 教师的任职匹配情况而言，更不尽如人意。2013 年 9 月由国家科学基金会提供赞助的研究团队发布了一份

《全国数学与科学教育的调查》报告，该调查是基于对全国50个州和哥伦比亚特区K-12年级的学校、科学和数学教师的概率抽样。此次调查的目的是让国家对科学和数学课程的提供和注册情况、教师教育的准备情况、教科书的使用情况、教学技术以及科学和数学设施和设备的提供和使用情况进行估计。

该报告根据1038名小学数学教师的调研结果，呈现了小学（K-5年级）数学教学的现状。在这些教师中，525名教小学（K-2），513名教中学（3～5），如表2-4所示，只有4%的小学数学教师拥有数学或数学教育专业的大学学位。[14]然而，绝大多数教师已经为教学做好了正式的准备，获得了教师资格证书，大约2/3的教师获得了教师资格证书，作为他们本科课程的一部分。

表2-4　　　　　　　**小学数学教师获得的专业学位情况**

	教　师　占　比		
	K-5 年级	K-2 年级	3～5 年级
数学	1(0.5)	3(0.7)	4(0.9)
数学教学	1(0.3)	1(0.3)	2(0.6)
数学或数学教学	4(0.6)	4(0.7)	5(0.1)

数据来源：Trygstad, P. J. （2013）. 2012 National Survey of Science and Mathematics Education：Status of Elementary School Science. Chapel Hill，NC：Horizon Research，Inc.。

从表2-5中可以看出，很少有小学科学教师拥有大学或研究生的科学/工程或科学教育学位。然而，绝大多数教师已经为教学做好了正式的准备，最终获得了教师资格证书。大约六成教师通过本科培训项目获得了教学资格证书。

K-5年级的数学共同核心国家标准3要求通过参与各种数学实践，培养学生对数字和运算、代数思维、测量和数据以及几何等关键思想的概念理解。如果小学教师要以这些方式有效地指导学生探索数学概念，他们自己必须对这些概念有深刻的理解。就小学数学教师参加的大学专业课程而言，绝大多数K-5教师完成了小学教师的数学内容和数学教育课程；55%的教师完成了大学代数/三角学/函数课程。不到一半的K-5教师（19%～46%）完成了统计、概率、大学几何或微积分课程（见表2-6）。[15]

表 2-5   小学科学教师获得专业学位情况

	教 师 占 比		
	K-5 年级	K-2 年级	3~5 年级
科学/工程	4(0.7)	2(0.7)	5(1.1)
科学教学	2(0.5)	1(0.6)	3(0.7)
科学/工程或科学教学	5(0.8)	3(0.9)	7(1.2)

数据来源：Trygstad, P. J. (2013). 2012 National Survey of Science and Mathematics Education: Status of Elementary School Science. Chapel Hill, NC: Horizon Research, Inc.。

表 2-6   小学数学教师完成大学专业课程情况

	教 师 占 比		
	K-5 年级	K-2 年级	3~5 年级
小学教师数学课程	95(0.7)	96(0.9)	94(1.0)
大学代数/三角函数/函数	55(1.6)	56(2.3)	53(2.1)
计算机科学	50(2.1)	46(2.6)	55(2.6)
统计学	46(1.6)	46(2.2)	46(2.5)
综合数学	43(1.7)	44(2.7)	42(2.2)
概率	24(1.6)	24(2.4)	25(2.0)
大学几何学	23(1.5)	23(2.1)	24(1.9)
微积分	19(1.4)	17(2.0)	20(1.9)
数学教育	95(0.7)	95(0.9)	94(1.0)
数学教学	86(1.2)	86(1.6)	85(1.7)

数据来源：NSB. Science and Engineering Indicators of Mathematics. https://ncses.hsf.gov/pubs/nsb20196/teachers-of-mathematics#tablectr1536。

国家数学教师委员会(NCTM)建议小学数学教师在大学课程中学习不同专业

领域的课程：数字和运算、代数、几何、概率和统计学。如表 2-6 所示，只有
10% 的小学数学教师参加了 NCTM 推荐的五门课程。大多数小学数学老师只在这
5 个领域中的 1~2 个领域完成过课程。

有趣的是，只有 1% 的调查对象觉得没有充分准备好教数学。尽管小学教师
缺乏扎实的数学知识储备，但他们似乎觉得自己已经做好了教授数学的准备，可
能是因为他们考虑的是数字和运算等领域的教学，而不是几何、代数等领域的主
题。这一假设得到了一项调查数据的支持，该调查要求小学数学教师对他们在教
授基础数学中的每一个基本主题时的准备程度进行评分。超过 3/4 的小学数学教
师认为自己已经做好了教授数字和运算的准备（见表 2-7）。超过一半的人觉得自
己已经做好了教授测量、数据表示和几何的准备，而不到一半的人则觉得自己做
好了教授早期代数的准备。

表 2-7　　　　　　　　　小学数学教师修读 NCTM 推荐课程的情况

	教师占比		
	K-5 年级	K-2 年级	3~5 年级
所有 5 门课程	10(1.2)	11(1.8)	9(1.3)
3~4 门课程	32(1.6)	32(2.2)	32(2.3)
1~2 门课程	57(1.8)	57(2.5)	58(2.4)
未修课程	1(0.3)	1(0.5)	1(0.5)

数据来源：NSB. Science and Engineering Indicators of Mathematics. https://ncses.hsf.gov/
pubs/nsb20196/teachers-of-mathematics#tablectr1536。

如果教师要帮助学生学习科学，他们自己必须对学科内容有很好的理解，
知道如何获取科学知识。如表 2-8 所示，90% 的小学科学教师在大学期间曾经
修读生命科学课程，大约 65% 的教师曾修读地球科学课程。相比之下，只有不
到一半的学生至少修过一门大学化学或物理课程，而且几乎没有人修读过工程
学课程。

表 2-8　　　　　　　　小学科学教师完成大学专业课程比例

	教 师 占 比		
	K-5 年级	K-2 年级	3~5 年级
生活科学	90(1.1)	92(1.4)	87(1.6)
地球/空间科学	65(2.0)	66(2.1)	65(3.1)
化学	47(1.8)	47(2.6)	47(2.8)
环境科学	33(1.8)	33(3.0)	34(2.4)
物理	32(1.7)	31(2.5)	34(2.4)
工程	1(0.4)	1(0.4)	2(0.7)
科学教育	89(1.1)	88(1.6)	91(1.7)
科学教育	70(1.6)	72(2.1)	68(2.3)

数据来源：NSB. Science and Engineering Indicators of Mathematics. https://ncses. hsf. gov/pubs/nsb20196/teachers-of-mathematics#tablectr1536。

因为小学科学教师通常负责跨学科的科学教学，国家科学教师协会（NSTA）已经建议小学科学教师需要证明其在生命科学、地球科学和物理科学等学科授课的能力。如表 2-9 所示，36%的小学科学教师在这三个领域都有过大学专业课程学习经历，还有 38%的教师在这三个领域中的两个领域都有过课程学习经历。此外，6%的小学教师没有这三个领域的课程学习经历。

表 2-9　　　　　　　　小学科学教师修读 NCTM 推荐课程的情况

	教 师 占 比		
	K-5 年级	K-2 年级	3~5 年级
生活科学/地球科学/物理科学	36(1.6)	36(2.2)	36(2.5)
修读其中两门课程	38(1.7)	41(2.3)	36(2.6)
修读一门课程	20(1.3)	18(1.9)	23(2.0)
未修其中任何一门课程	6(0.9)	5(1.2)	6(1.3)

数据来源：NSB. Science and Engineering Indicators of Mathematics. https://ncses. hsf. gov/pubs/nsb20196/teachers-of-mathematics#tablectr1536。

然而，令人有些惊讶的是，尽管小学科学教师缺乏大学专业课程学习经历，但他们却认为自己已经为教授科学课程做好了充分的准备。教师们还被问及他们是否准备好教授科学和工程学中的各种学科。从调查团队获取的数据来看，大约 1/4 的小学科学教师觉得自己已经为教授生命科学做好了充分的准备；同样比例的人觉得自己已经为教授地球科学做好了充分的准备。只有 17% 的人觉得自己已经为教授物理科学做好了充分的准备。工程学是小学教师普遍感到准备不足的领域。

第三节　STEM 教师队伍多样化情况

STEM 教师供应与配置的均衡不仅表现在数量上的扩充，吸引更多优秀的毕业生进入教育行业，还要关注 STEM 教师队伍的结构是否合理，比如年龄、性别、种族以及职级等。美国教育统计中心提供的数据表明，目前美国各州的 STEM 教师不仅面临着数量上储备不足、专业程度匹配欠缺等窘况，还存在着教师群体中少数族裔代表性不够、女性教师占比不高以及 STEM 教师专业声誉不高等问题。

一、STEM 教师少数族裔代表性不足

美国政府一再表明，要为所有年轻人提供高质量且具有包容性的 STEM 教育机会，这里的包容性意指为那些处于边缘地位的弱势群体或少数族裔学生提供同样均等的参与机会，通过在教师群体中增加少数族裔教师的比例吸引更多少数族裔学生了解 STEM，参与 STEM，进而激发他们学习 STEM 的兴趣，最终提高他们在 STEM 领域的学业成就。

国家教育统计中心的现有数据提供了有关黑人和西班牙裔学生由同一种族或民族的教师授课的占比情况。研究表明，当黑人、西班牙裔、夏威夷原住民或太平洋岛民，以及美洲印第安人或阿拉斯加原住民学生至少有一名同种族教师授课时，成绩测试通常得分较高，并且出勤率更高，辍学率更低。此外，政策制定者和教育工作者希望增加 STEM 领域历史上代表性不足的少数民族的学生人数，因此，在美国公立中小学增加少数族裔的 STEM 教师可以鼓励更多代表性不足的学

生参加 STEM。总体而言，在 2017—2018 年度，初中和高中数学和科学教师的人
口在种族和民族方面的多样性低于美国学生群体，大约 80% 的数学和科学教师是
白人，大约 7% 是黑人，8% 是西班牙裔。相比之下，2019 年美国公立学校学生中
白人占比 48%，黑人和西班牙裔分别占比 15% 和 27%（见表 2-10）。[16]

表 2-10 **2017—2018 年公立初中和高中数学和科学教师是白人、黑人或西班牙裔比例，**
按教学领域和少数族裔入学人数划分（百分比）

教学领域和少数民族入学率	白人	黑人	西班牙裔[a]
所有公立初中和高中教师	80	7	8
数学教师	80	7	7
少数民族入学率			
超过 50% 的白人	93	2	2
超过 50% 的少数族裔	62	13	15
超过 50% 的黑人	51	41	5
超过 50% 的西班牙裔[a]	53	6	27
没有一个种族超过 50%	75	9	8
科学教师	80	6	7
少数民族入学率			
超过 50% 的白人	93	1	2
超过 50% 的少数族裔	63	13	15
超过 50% 的黑人	54	36	5
超过 50% 的西班牙裔[a]	54	4	31
没有一个种族超过 50%	76	10	5

注：a 西班牙裔可以是任何种族；种族类别不包括西班牙裔血统。

数据来源：NSB. Science and Engineering Indicators：Teachers of Mathematics. https：//
ncses. nsf. gov/pubs/nsb20196/teachers-of-mathematics#tablectr1536.

2017—2018 年 NTPS 数据的发现也证实了这种差异的存在，比如，在以黑人
或西班牙裔人口为主的学校，黑人和西班牙裔数学和科学教师的比例高于其他学

校，尽管仍然不如黑人或西班牙裔学生的比例高。在黑人学生占 50% 以上的学校，41% 的数学教师和 36% 的科学教师是黑人；在西班牙裔学生占 50% 以上的学校，27% 的数学教师和 31% 的科学教师是西班牙裔。[17]

少数族裔的 STEM 教师供应不足也源于这些族裔的大学生在 STEM 相关专业获取的学位比例不高，从而使得教师候选人数量不够。2020 年，来自代表性不足的少数群体，西班牙裔、黑人和美洲印第安人或阿拉斯加原住民在五个广泛的 S&E 研究领域总共获得了 43% 的副学士学位、26% 的学士学位、24% 的硕士学位和 16% 的博士学位。在副学士级别，西班牙裔个人获得的 S&E 学位比例（32%）高于大学年龄人口的比例（22%）（见图 2-5）。然而，西班牙裔学生和其他代表性不足的少数群体的学生在学士学位及以上学位获得者中所占的比例要低得多。例如，授予美国印第安人或阿拉斯加原住民学生的 S&E 副学士学位的百分比是授予该群体的任何其他级别的 S&E 学位百分比的两倍。相比之下，白人学生和亚裔学生在学士及以上水平的 S&E 学位获得者中各自占了不成比例的很大一部分。2020 年，白人学生占 S&E 博士学位的 70%，亚洲学生占 11%。

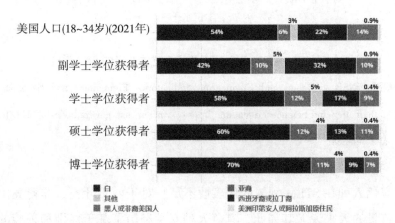

图 2-5　美国 18~34 岁的人口和 S&E 学位获得者，按学位水平、种族和民族分类

注：2011 年至 2020 年，代表性不足的少数民族获得的 S&E 学位比例有所增加。

数据来源：NSB. Science and Engineering Indicators：Elementary and Secondary STEM. Teachers of Mathematics and Science Education. https：//ncses. nsf. gov/pubs/nsb20211/teachers-of-mathematics-and-science。

在过去十年中，代表性不足的少数民族获得的 S&E 学位的数量和份额在各个学位级别上都有所增加。代表性不足的少数民族获得的 S&E 副学士学位增长速度最高，从 13 年的 31%增加到 2011 年的 43%，增长了 20 个百分点（见图 2-6）。在较高的学位水平上，这种增长就没有那么明显，特别是对于 S&E 博士学位，代表性不足的少数民族获得的学位比例仅从 13%增加到 16%。这样也意味着少数族裔 STEM 教师候选人的数量也会有可能增加。[18]

图 2-6　2011—2020 年美国少数族裔群体获得的 S&E 学位

数据来源：NSB. Science and Engineering Indicators：Elementary and Secondary STEM. Teachers of Mathematics and Science Education. https：//ncses. nsf. gov/pubs/nsb20211/teachers-of-mathematics-and-science。

许多有色人种在 STEM 领域的代表性不足。对于西班牙裔、非裔美国人或美洲原住民背景的人来说尤其如此。有色人种女性经历了基于性别和种族的交叉歧视，与 STEM 领域的白人男性和女性相比，代表性明显不足。亚洲女性虽然也是有色人种，但与她们在人口中的总比例相比，其在 STEM 领域的代表性过高。虽然这种差异在很大程度上可以归因于家庭动机，但许多组织仍然致力于促进不同族裔女孩的 STEM 教育，包括 Girl Start，Girls Who Code 和 National Girls Collaborative Project。

二、STEM 女性教师的代表性不够

STEM 学科教师主要是以数学和科学教师为主，小学阶段女性教师的比例还是挺高的，这也体现出教育行业多是以女性从业者为主的行业特色。美国的小学数学教师大约 80.5% 为女性，90% 的女性教师是白人（见表 2-11）。小学数学教师队伍的大多数年龄在 40 岁以上，超过 1/4 的教师年龄在 50 岁以上，这表明未来10 年可能有大量教师退休。

美国小学实施的包班制教学，由全科教师担任主要学科的教学任务，比如英语、数学或科学，因此小学阶段的教师人口统计数据没有区分学科类型，而是大致统计教师的男女性别比例分别为 80.5% 及 19.5%，其中，在职小学教师的平均年龄为 42 岁。最常见的小学教师种族是白人（69.6%），其次是西班牙裔或拉丁裔（12.6%），黑人或非裔美国人（9.7%）和未知（3.9%）。

表 2-11　　　　　　　　　小学科学教师的人口统计特征

	教 师 占 比		
	K-5 年级	K-2 年级	3~5 年级
性别			
男性	6(0.8)	2(0.8)	11(1.6)
女性	94(0.8)	98(0.8)	89(1.6)
种族			
白种人	91(1.5)	91(1.7)	91(1.9)
西班牙裔或拉丁裔	8(1.4)	8(1.8)	9(1.8)
黑人或非裔美国人	5(1.1)	5(1.3)	6(1.4)
亚洲人	2(0.4)	1(0.6)	2(0.5)
美洲印第安人或阿拉斯加原住民	1(0.3)	0(0.3)	1(0.6)
夏威夷原住民或其他太平洋岛民	0(0.2)	0(0.2)	0(0.2)
两个或更多种族	1(0.4)	1(0.6)	1(0.4)

续表

	教 师 占 比		
	K-5 年级	K-2 年级	3~5 年级
年龄			
小于 30 岁	18(1.5)	19(2.1)	17(2.0)
31~40 岁	29(1.8)	27(2.6)	32(2.5)
41~50 岁	25(1.8)	24(2.1)	26(2.4)
51~60 岁	20(1.4)	20(2.0)	20(2.1)
60+	8(1.1)	10(1.9)	5(1.1)
教习 K-12 科学课程经验			
0~2 年	16(1.4)	16(1.9)	17(2.0)
3~5 年	17(1.6)	15(2.1)	20(2.2)
6~10 年	21(1.5)	21(2.3)	21(2.2)
11~20 年	28(1.7)	29(2.4)	28(2.6)
大于 20 年	17(1.5)	19(2.4)	14(1.9)

数据来源：Plumley, C. L. (2019). 2018 NSSME+：Status of Elementary School Science. Chapel Hill, NC：Horizon Research, Inc.。

初中阶段的女性数学教师与女性科学教师的比例有所下降，在美国，2/3 的初中数学教师(68%)和超过一半的初中科学教师(56%)是女性。在经合组织国家中，拉脱维亚的初中数学女教师(97%)和科学教师(88%)占比最高，而日本最低，女性数学教师占 22%，女性科学教师占 28%。[19]

高中阶段的数学与科学教师中的女性比例则继续保持下降趋势，美国知名职业规划服务机构 Zippia 的数据科学团队发现，美国目前有超过 246106 名高中数学教师，其中 47.0% 为女性，53.0% 为男性。高中数学教师的平均年龄为 43 岁。最常见的高中数学教师种族是白人(72.2%)，其次是西班牙裔或拉丁裔(11.8%)，黑人或非裔美国人(8.1%)和未知(4.0%)。[20] 与此同时，美国目前有超过 278829 名高中科学教师，其中 53.6% 为女性，46.4% 为男性。在职高中科学教师的平均年龄为 43 岁。最常见的高中科学教师种族是白人(72.9%)，其次是西班牙裔或拉丁裔(11.4%)，黑人或非裔美国人(7.8%)和未知(4.0%)。

从2000年到2010年，STEM职业的增长率是其他职业的3倍。然而，在STEM相关领域存在着明显的性别和种族差距。教育工作者和雇主们已经意识到了增加STEM中女性和少数族裔人数的必要性。2017年，特朗普总统签署了《激励法案》，指示美国国家航空航天局(NASA)鼓励女性从事航空航天事业。许多STEM课程旨在吸引代表性不足的群体。例如，女学生选择大学STEM专业或职业的可能性要小得多，而且这种情况正在日益严重。男学生更有可能关注技术和工程领域，而女学生则选择科学领域。根据collegefactual.com的数据，2016年STEM毕业生中男性占63%，女性仅占37%。

此外，根据美国国家科学基金会的科学与工程指标报告，在美国，女性仅占STEM劳动力总数的28%，物理科学家的28%，计算机和信息科学工作者的24%，工程师的15%。[21]但根据世界经济论坛的数据，在丹麦、挪威和葡萄牙等国家，从事科学家和工程师的女性实际上比男性多。在几个亚洲和南美国家，女性占研究人员的大多数。那么，为什么在美国没有更多的女性从事STEM工作呢？

据美国大学妇女协会的研究发现，使STEM性别差距长期存在的关键因素是性别刻板印象：(1)男性主导的文化。由于在STEM领域学习和工作的女性较少，这些领域往往会延续僵化、排他性、男性主导的文化，这些文化不支持女性和少数族裔的加入或对女性和少数族裔没有吸引力。(2)更少的榜样。缺少女孩的榜样来激发她们对这些领域产生兴趣，在书籍、媒体和流行文化中看到的女性科学家和工程师的例子比较有限。在数学和科学领域，黑人女性的榜样甚至更少。(3)数学焦虑。以女性为主的教师经常将数学焦虑传递给女孩，他们经常低估女孩的数学能力，并认为女孩需要更加努力才能达到与男孩相同的水平。

STEM领域性别差距存在的部分原因可能是许多孩子在有机会真正探索自己在这些领域的兴趣之前，就已经在日常生活中获得了关于工程师、程序员和其他技术工作者的性别刻板印象。此外，在男性主导的STEM领域，为女孩提供激励的榜样较少。让所有儿童从小就有机会探索STEM，可以帮助缩小STEM领域的性别差距。此外，教师在STEM学习中激励女性和男性平等参与可以给更多的孩子树立榜样。堪萨斯州立大学教育学院研究助理教授段倪源(Tuan Nguyen)指出，STEM教师不仅支持学生的认知发展和学习，还塑造他们的动机和愿望。[22]为此，他认为女性 STEM 教师比例的增加对学生，尤其是女生来说会产生积极影响。研究表明，当女学生有女老师时，她们的自信心和测试性能可以提高。

为了吸引更多的女性和其他代表性不足的少数民族加入技术劳动力队伍，马斯特和其他威斯康星大学的心理学家一直在研究如何消除和抵消不准确的计算机科学刻板印象。马斯特是一项新研究的主要作者，该研究旨在研究拥有一名女性计算机科学教师是否有助于使高中女生在计算机科学方面更加舒适。研究人员设计了一项研究，部分由美国国家科学基金会资助，看看女教师和榜样是否可以给学生提供帮助。学生，由男孩和女孩混合组成，阅读两个计算机科学课程的描述。一门课由男性授课，另一门由女性授课，两位教师在计算机科学方面具有相同的能力和经验。"当女孩面对'男孩比女孩做得更好'的刻板印象时，女教师发挥了最大的作用"，马斯特认为当刻板印象威胁出现时，女老师可以帮助女孩。她补充说："我们的研究表明，让学生感到自己属于自己，他们的身份在课堂上受到重视是多么重要。"[22]马斯特希望她们的工作能帮助教师为女孩和其他代表性不足的少数民族学生创造最佳的课堂环境，否则他们可能不会考虑从事 STEM 职业。马斯特坦言，"成长型思维有利于处理负面的刻板印象，因为它提供了改进的空间，学生的命运不是一成不变的"。另一个 STEM 刻板印象消除策略是一种肯定性干预，或者让学生写下各自的人生梦想，并支持他们追求自己的职业理想。

世界各国都在努力扩大边缘化群体在 STEM 研究、教育和工业中的代表性和参与度。例如，联合国(UN)将 2 月 11 日定为国际科学界妇女和女孩日。联合国指出，高等院校中只有大约 30% 的女学生选择学习 STEM 学科。美国高等教育领域也面临同样的情形，女性占本科生的 57.3%，但仅占 STEM 本科生的 38.6%，约占本科入学预期数量的 2/3。[24]这也意味着 STEM 教师职前培养的女性候选人数量严重不足。此外，代表性不足的少数民族女性占本科生的 16.6%，而且仅占 STEM 本科生的 9.16%，约占本科入学率预期数量的一半。[25]

在学术界，女性在 STEM 教师中的代表性不足，这种差距在高等院校更加明显。女性占学术机构 STEM 教师的 34.5%。其中，黑人女性仅占 1.5%，拉丁裔/西班牙裔女性占 2.0%，以及土著妇女占 0.08%。女性仅占终身 STEM 教师的 28.2%，黑人女性占 1.4%，西班牙裔/拉丁裔女性占 1.3%，土著妇女占

0.04%。[26]在耶鲁大学，38.3%的 STEM 教师是女性，17.6%的终身 STEM 教师是女性。耶鲁大学女教师的占比（按部门划分）为：生物科学领域 24.3%为女性，物理科学领域 17.9%为女性，海洋领域 20.3%为女性，医学领域 41.1%为女性，F&ES 领域 19.2%为女性，STEM 教师总数中 38.3%为女性。[27]

在所有 STEM 领域，工程学似乎受到性别差距大的打击尤其严重。2015 年，只有 20%的工程本科学位授予女性。与科学一样，这个百分比在不同的工程领域差异显著，比如只有 13%的机械工程学士学位授予女性，但近 50%的环境工程毕业生是女性。[28]有趣的是，2015 年有 23%的工程博士学位授予了女性，但是由于教育行业以外的 STEM 职位的富有吸引力的薪酬待遇，本来数量就不多的工程女博士还不一定选择进入教育行业。2019 年，只有 13%的在职工程师是女性。虽然这个数字比 1993 年的 6.8%有所改善，但要实现工程领域的性别平等还有很长的路要走。[29]

来自 NSF 的数据显示，与其他 STEM 学位相比，女性在数学学士学位方面的表现相对较好。2016 年，42%的数学学士学位授予女性。与 1997 年和 2006 年相比，这一比例较小，这只是因为数学专业的女性人数未能以与男性数学专业相同的速度增长。这些数字与获得博士学位的女性的趋势相反，后者从 1997 年的 24%稳步上升到 2016 年的 28.5%。数学职业比工程或科学更难分类，因为拥有数学学位的人可以将他们的技能用于各个领域。然而，只有 15%的数学终身教学工作由女性担任。这与计算机科学的 18%和工程学的 14%大致相似，这表明数学在劳动力市场和高等教育领域都面临着严重的性别差距大的问题。

第四节　STEM 教师的社会地位状况

教师曾被认为是阳光底下最高尚的职业，但是不幸的是，时代变了。在许多国家，教师不再保有他们过去享有的崇高地位。因此，教师地位不再被尊崇将对年轻一代的教育机会造成影响。如果教师在社会上得不到尊重，孩子们在课堂上就不会听从教师的教导，家长们也不会强化学校传递的信息，而最有才华的毕业生们则会继续轻视教师职业。随着时间的推移，这种对教师的不尊重最终将弱化教学效果，降低学习成就，损害数百万人的学习机会，并最终影响美国社会的持续发展。2013 年，一个非营利性组织——瓦尔基环球教育基金会曾对 21 个国家的教师地位进行了调研，研究样本为 1000 人，调查的问题包括：跟其他国家相比，该国的尊师情形如何？父母会鼓励小孩长大后成为教师吗？学生是否尊重教师？一般人认为教师待遇如何？一般人认为教师薪资须依据学生的成就表现吗？而学者们即根据这些问题，建立了一个"全球教师地位指数"（Global Teacher Status Index）用以描述该国人们尊敬教师的程度。21 个国家中，中国教师的地位最高，美国的教师地位排在第九。这份调研报告主要是从三个维度来衡量教师的社会地位：一是尊师重教的社会氛围，二是教师的经济待遇，三是父母鼓励子女从教的可能性。因此，我们也可以从以下三个方面来了解美国 STEM 教师的地位。

一、STEM 教师职业的社会声誉

美国的 STEM 教师地位如何？据 2022 年 OECD 发布的统计数据，大约 1/3 的美国初中数学（31%）和科学（35%）教师同意教师职业在美国社会中受到重视（见图 2-7），这与其他经合组织国家不同。例如，在韩国和芬兰，56% 或更多的初中数学和科学教师认为教学受到了社会的重视。然而，在法国和斯洛伐克，只有不到 7% 的数学和科学教师持这种观点。

最近几年，一些研究已经证实"最聪明的学生，即那些在标准化考试中语言和数学分数最高的学生不太可能进入教学领域"。事实上，学习成绩和进入教学的可能性之间的负相关关系在统计学上是显著的。美国在强化 STEM 教育的过程中，成绩优异的师范生是必不可少的推动力量，但 STEM 教学职业目前并不被认为是那些优秀大学毕业生的一个有价值的职业选择。为了探寻这种看法的根源，马兰士·科恩（Marantz Cohen）研究了美国教师职业文化规范的演变。她的著作《教学的全球贬值：国际视角》于 2012 年在美国教育研究协会（AERA）会议上发表。她指出，"职业价值被低估是她所研究的教师中最常表达的不满"[23]。

教学行业是适合"女性从事的工作"的观念，加剧了公众对教学是一种受人尊敬的职业的不利看法。在教师队伍中，男性的比例确实不高。美国劳工统计局报告称，男性仅占小学和中学教师的 18.3%，占高中教师的 42%。[24] 2011—2012 年，76% 的公立学校教师为女性。2012 年在温哥华举行的美国教育研究协会（AERA）

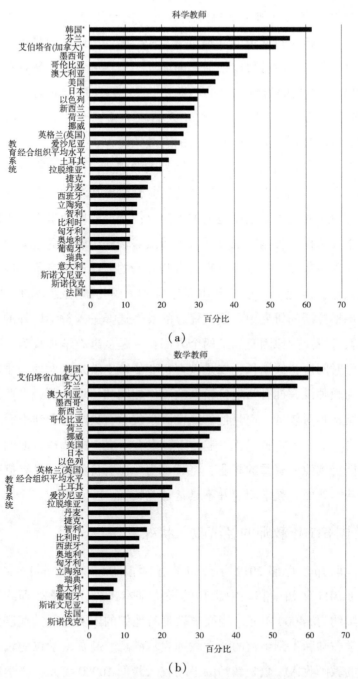

图 2-7　全球科学教师与数学教师的社会地位

数据来源：NSB. Science and Engineering Indicators：Teachers of Mathematics. https：// ncses. nsf. gov/pubs/nsb20196/teachers-of-mathematics#tablectr1536。

年会上，一个由研究人员和小学教师组成的研究小组认为，教师地位的普遍下降，加上对男性与孩子打交道的性别歧视，使得男性教师的数量持续下降。尽管现在女性可以从事几乎所有可以想象到的职业，但这种看法依然存在，即教书被认为是"女性可以接受的为数不多的职业之一"。男人是家庭的经济支柱，女人可以"只做老师"，这种过时的观念对今天的教学领域产生了不利影响，因为这种形象阻碍了对成就卓著的男性和女性的有效招聘。

虽然教学一直并且仍然是一个以女性为主的职业，但在教育领域之外的优秀女性的就业机会，特别是在 STEM 领域的就业机会也在激增。女权主义运动和随之而来的法规政策的完善大幅度地增加了向女性开放的职业机会，她们现在拥有广泛的职业生涯选择。美国的地方学区曾经能够轻松招聘到受过大学教育的女性劳动力资源，现在却被迫与各种有吸引力和高薪的职业选择竞争，以争取最优秀和最聪明的人才。因此，在小学和中学教师中，学习成绩优秀的女性比例并不高。在斯诺德格拉斯的研究中，成绩优异的女性选择进入教学以外的领域，而部分女性选择教育行业的原因有如下两个方面：一是从事教学被视为一项相对轻松的工作，工作时间短，假期长；二是教育行业传统上就是以女性为主的职业。人们通常也认为教师没有拥有与地位较高的工作相同的培训经历或专业知识，教师行业的薪酬结构相对较低，而且他们经常因学校教育失败而受到指责。

总而言之，对 STEM 领域感兴趣的年轻人有了更多的选择，他们正在寻求一份有声望并能受到他人尊重的职业，将其视为一份有价值的、具有挑战性的职业为之终生奋斗。然而，教学职业并不具备这些特征。

二、美国 STEM 教师的经济收入状况

根据美国联邦教育部 2012 年公布的教师报告（Schools and Staffing Survey，SASS）中提到 2011 年初中和高中教师的平均基本工资，数学教师约为 53000 美元，科学教师约为 54000 美元。当要求教师对他们的工资进行满意度评价时，超过半数的数学教师和不到半数的科学教师表示满意。高贫困学校的教师收入低于低贫困学校的教师收入，数学教师的平均收入要低 10000 美元，科学教师的平均收入亦低 13000 美元。[25]然而，在美国，主要以数学或科学为教学重点的 K-12 教师的工资仅比其他教师的工资高出 1.7%。这表明，数学和科学教师的相对工

资差距可能与其他教师的差距相似。

STEM 工人的工资和薪金收入中位数约为 64000 美元,高于从事非 STEM 职业的人的 40000 美元。当劳动力按性别划分时,从事 STEM 职业的男性比从事非 STEM 工作的男性赚得更多(65000 美元对 48000 美元)。女性也是如此,她们在 STEM 职业中赚取 60000 美元,在非 STEM 职业中赚取 36000 美元。然而,当比较男性和女性时,男性在 STEM 和非 STEM 职业中的收入中位数都高于女性。对于所有种族和族裔群体,STEM 工人的工资和薪金收入中位数高于从事非 STEM 工作的同行。当只考虑 STEM 职业时,亚洲工人的收入中位数最高(92000 美元),其次是白人工人(66000 美元),而西班牙裔工人(45000 美元)和美洲印第安人或阿拉斯加原住民工人(50000 美元)最低。[26]

此外,美国 K-12 教师的工资低于其他受过高等教育的美国工人,美国 K-12 教师的工资与其他受过高等教育的工人的工资之比小于经合组织中位数国家。尽管美国 K-12 教师的工资占其他受过高等教育的工人工资的 68% 至 71%,但经合组织国家的中位数在 84% 至 91% 之间。具体见表 2-12。

表 2-12 公立中学教师的受教育程度与薪酬水平:2017—2018 年(百分比和美元)

学历资格	数学教师	科学教师	其他教师[a]
拥有学士或更高学位	98	97	96
拥有常规或高级资格	92	90	90
平均年薪	59600	60500	59300

注:a 其他教师指教授数学和科学以外任何科目的教师。

数据来源:NSB. Teachers of Mathematics and Science. https://ncses.nsf.gov/pubs/nsb 20211/teachers-of-mathematics-and-science。

美国公立学校一刀切的薪酬制度会形成教师总体人数供应充足,而部分急需学科教师短缺的窘况。例如,2015 年,康涅狄格州的公立学校每个开放式小学教学点收到 167 名申请者的求职简历,在 1~5 分制中,申请者的质量中位数为 4.5。然而,康州高中学校科学教师的招聘每年只收到 17 名申请者的求职简历,申请者的质量中位数只有 2 分。其实问题的解决方案很简单,那就是改革教师薪酬结构，确保 STEM 学科教师获得补贴性薪酬。

三、父母鼓励子女从教的可能性

年轻人对职业的选择很多时候受到父母的影响较大，目前美国社会对教师职业认可度不高，导致许多家长不鼓励聪明能干的年轻人选择教师作为职业。海伦·斯诺德格拉斯的研究证明了这一现实状况，她对成就卓越的年轻女性的采访发现，父母曾经劝阻这些女性不要当教师，突显了公众对这一职业的消极看法。一些家长特别不愿意自己的子女充当教书匠。其他受访者表示，尽管他们从未与父母讨论过将教书作为一种可能的职业，但他们认为父母不会对此感到高兴。

海伦·斯诺德格拉斯关于优秀女性的研究发现，学生最常提到的职业选择的影响因素来自家庭。12 位受访者谈到了家庭的影响，没有人说家庭成员会鼓励他们从事教育工作，许多人说，他们曾被反复劝阻不要从事教育工作，家长们大多强调教育工作的负面影响，只有 3 名学生表示，他们的父母中至少有一人支持他们的选择。其中 8 名受访学生表示，他们的父母实际上不鼓励他们教书，或者他们从未与父母讨论过教书的问题，害怕这样的谈话会惹父母不高兴。受访学生表示，他们的父母主要担心的是教师工资不够高，而且工作很辛苦，常常令人沮丧。正如劳拉所说，"如果我说，爸爸，我正在用 15 万美元的教育投入去挣每年3.5 万美元的薪资，他们会对我有点失望。"[27] 不管他们的父母是否真的表达了类似想法，受访者都觉得他们的父母希望自己的孩子能有一份高薪的工作，如果不这样做，父母就会对子女的选择感到失望。

其中 4 名学生的母亲或其他近亲曾经是教师，他们都劝说子女考虑其他职业。杰米的母亲已经当了 30 年的老师，她说："虽然我切身体会到了教师工作的艰辛，但我还是喜欢这份工作……当然我也不会建议我女儿走这条路。"[28] 根据她母亲的亲身经历，杰米对"教学工作是什么样子"的理解是，学区里有很多官僚主义的管理方式，教师虽然在教学上投入很多精力和热情，但是看不到努力工作所产生的任何正面效果。杰西有一个表妹，她决定在去法学院深造之前申请TFA(Teach for America)项目。她家人对此的看法是，教师虽然是一份高尚的职业，但没有必要将其视为一种终身的职业追求。雷切尔有一位姑妈，她曾经教过书，姑妈的经历让她了解到，教书不是一件容易的事情，主要是教师没有足够的资源与学生一起做有益的探索。安娜的父母不鼓励她教书，她的叔叔和阿姨都是老师，都很喜欢教书。他们享受教书的乐趣，而且也得到了家人的认可与尊重。两位至亲的榜样作用让她不顾父母的反对意见，坚持选择教师行业，她已经申请了教师教育项目。

实际上由于学生对家长观点的重视，使得家长意见成为子女职业选择的重要考虑因素。伊娃孩提时代就对教书很感兴趣并且将来打算从教，但是后来她无奈地说："我可能会考虑其他的职业，因为我不打算考虑教书了。"[29]父母观点的看法，无论正确与否，似乎对学生认真考虑的职业选择都有着重大影响。似乎许多家长认为从事教学工作是一种崇高的人生追求，而不是一份回报较高的职业，这要么是因为工资相对较低，要么是因为优质的教学需要投入很大的工作量。

即便身为教师，有时候也不一定鼓励其他人从事这一职业。2015 年，杰出的阅读教师南希·阿特韦尔曾被瓦尔基基金会授予首个年度 100 万美元的全球教师奖。当美国有线电视新闻网（CNN）问及她是否会建议其他人成为教师时，她说不会。相反，她建议那些考虑从事教师职业的人应该在私营部门或私立学校找一份工作。在她看来，对共同核心州标准（CCSS）和高风险测试的关注已经使这个行业工作环境变得更糟糕。她总结道，"如果你是一个有创造力的、聪明的年轻人，我认为现在不是教书的时候"[30]。在一项对《教育周刊》订阅者的非正式调查中，81%的受访者表示，他们同样不会建议将教书作为一种职业选择。

当然改变教师职业的文化规范和择业观念是一个需要多年有意识努力的过程，特别是在 STEM 领域，教师在很大程度上被认为是一种二流职业选择，相比那些薪水更高、更受尊敬的其他职业选择。与此同时，教育界正在采取一种简化步骤，吸引更多 STEM 领域专业人士转行到教育领域。尤其是针对区域性教师短缺问题，设计和实施更具创新性的教师招聘办法。在持续努力展示教学行业作为一个有价值和有吸引力的职业的过程中，需要实施各种灵活多样的解决方案，以招募专业能力出色的年轻男女进入 STEM 教师行业。如果做不到这一点，就会削弱国家为青少年提供高质量 STEM 的能力。

参考文献

[1]Saenz-Armstrong, P. (2021). State of the States 2021: Teacher Supply and

Demand. Washington, D. C. : National Council on Teacher Quality.

［2］The National Commission on Excellence in Education April 1983. ANation at Risk: The Imperative for Educational Reform. https: //www. mat. uc. pt/~emsa/PMEnsino/ A NationatRisk. pdf.

［3］American Institutes for Research. Creating Coherence in the Teacher Shortage Debate. https: //files. eric. ed. gov/fulltext/ED582418. pdf. 2016.

［4］Nat Malkus. The Exaggerated Teacher Shortage. https: //www. usnews. com/ opinion/knowledge-bank/2015/11/25/the-teacher-shortage-crisis-is-overblown-but-challenges-remain.

［5］Chevy Humphrey, Paul J. Luna. The National STEM Teacher Shortage Threatens Future Prosperity. April 04, 2019. https: //www. realcleareducation. com/articles/ 2019/04/04/the_national_stem_teacher_shortage_threatens_future_prosperity_ 110320. html.

［6］Toni Feder(2022). The US is in Dire Need of STEM teachers. Physics Today 75 (3): 25-27.

［7］Claire Smith, Courteny Tanenbaum. Many Teacher Preparation Programs Do Not Accout for Local or Regional Needs. https: //grandchallenges. 100kin10. org/ assets/downloads/many-teacher-preparation-programs-do-not-account-for-local-or-regional-needs/GrandChallengesWhitePapers_SmithTanenbaum. pdf.

［8］［9］［10］Leib Sutcher, Linda Darling-Hammond A Coming Crisis in Teaching? Teacher Supply, Demand, and Shortages in the U. S. https: //learningpolicyinstitute. org/product/coming-crisis-teaching.

［11］Education First (2016). Ensuring High-quality Teacher Talent: How Strong, Bold Partnerships Between School Districts and Teacher Preparation Programs are Transforming the Teacher Pipeline. http: //education-first. com/wp-content/ uploads/2016/01/Ensuring-High-Quality-Teacher-Talent. pdf.

［12］［13］Trygstad, P. J. (2013). 2012 National Survey of Science and Mathematics Education: Status of Elementary School Science. Chapel Hill, NC: Horizon Research, Inc.

［14］［15］Malzahn, K. A. (2013). 2012 National Survey of Science and Mathematics Education: Status of Elementary School Mathematics. Chapel Hill, NC: Horizon Research, Inc.

［16］［17］NSB. Science and Engineering Indicators: Elementary and Secondary STEM. Teachers of Mathematics and Science Education. https://ncses.nsf.gov/pubs/nsb20211/teachers-of-mathematics-and-science.

［18］NSB. U. S. and Global STEM Education and Labor Force. https://ncses.nsf.gov/pubs/nsb20221/u-s-and-global-stem-education-and-labor-force.

［19］［21］NSB. Science and Engineering Indicators: Teachers of Mathematics. https://ncses.nsf.gov/pubs/nsb20196/teachers-of-mathematics#tablectr1536.

［20］Zippia. Science Teacher Demographics and Statistics in the US. https://www.zippia.com/science-teacher-jobs/demographics/. 2023-08-10.

［22］［23］Allison Master. Reducing Adolescent Girls'Concerns about STEM Stereotypes: When Do Female Teachers Matter? International Review of Social Psychology 27 (3-4): 79-102.

［24］［25］［26］National Science Foundation National Center for Science and Engineering Statistics(2019).Women, Minorities, and Persons with Disabilities in Science and Engineering: 2019. (Special report NSF 19-304). https://ncses.nsf.gov/pubs/nsf19304/data.

［27］U. S. Department of Education National Center for Education Statistics (2019). Yale University. https://nces.ed.gov/ipeds/datacenter/InstitutionProfile.aspx?unitid = 130794.

［28］［29］National Science Foundation National Center for Science and Engineering Statistics(2017).Women, Minorities, and Persons with Disabilities in Science and Engineering:2017. (Special report NSF 17-310). https://www.nsf.gov/statistics/2017/nsf17310/data.cfm.

［30］Ristie L. Wolfe.Teaching is devalued by cultural norms. https://grandchallenges.100kin 10. org/assets/teaching-is = devalued-by-cultural-norms/GrandChallenges WhitePapers_Wolfe_2.pdf.

［31］［32］Gaumer Erickson, A. S. (2011). School Staff Survey. University of Kansas, Center for Research on Learning.

［33］NSF. Diversity and STEM. https://ncses. nsf. gov/pubs/nsf23315/report/introduction.2023-05-12.

［34］［35］［36］Helen Snodgrass. Perspectives of High-Achieving Women on Teaching (2010). The New Educator,6:135-152.

［37］Moeny,J.(2015).Don't Become a Teacher, Advises Award-winner Nancie Atwell. Education Week. http://blogs. edweek. org/teachers/teaching-now/2015/03/award-winner-nancie-atwell-advises-against-going-into-teaching.html.

第三章　STEM 教师供需失衡与培养管道受阻

　　STEM 教师供应失衡让美国 STEM 教育推广面临着诸多挑战，教师总体供应不足以及区域性配置不均衡的现状都迫切需要政府应该有所作为，让所有孩子都能获得高质量的 STEM 学习机会的战略构想则需要拓宽教师培养通道以增加更多STEM 教师的供应，卓越而公平的 STEM 教育是需要一支强大的教师队伍加以支撑。目前 STEM 教师不仅需要数量上的扩充，还要质量上的提升。100Kin10 作为美国规模最大的 STEM 教师培养支持性网络组织，组建工作小组对现有的 STEM教师培养面临的挑战进行了广泛调研，了解到教师的职前培养与在职培训存在诸多问题及挑战，这些问题与挑战缠绕在一起阻碍着 STEM 教师培养管道的畅通，从而使得 STEM 教师的供需呈现出失衡的状态。

第一节　STEM 教师管道窄化源于职前培养成效不佳

　　STEM 教师供需失衡的主要根源在于 STEM 教师培养管道不太通畅。管道不畅通则是由于 STEM 教师培养口径不够宽阔，难以吸引到足够数量的教师候选人，具体表现就是职前培养项目缺乏激励政策，从而难以招聘到优秀的 STEM 专业学生，还有就是职前培养机构降低录取门槛采取粗放式培训管理，未能实施严格的质量监控，以至于培训的教师候选人专业素质不甚理想。

一、职前培养项目难以吸引到优秀毕业生

　　美国的劳动力市场，不管是私营企业还是公共部门对 STEM 技能型人才的需求极旺盛，合格求职者的短缺现象日趋严重。在这个供不应求的紧缺行业市场，

公立学校系统更是面临着人才流失的尴尬情形。

(一) 教师行业的薪酬吸引力有限

教育领域以外的 STEM 职位通常会获得高额薪酬，据美国劳动统计局的数据，2013 年 STEM 行业的平均工资为 79640 美元。[1] STEM 专业的毕业生可以选择非教学职业，以获取更高的薪酬待遇。了解了教师行业缺乏吸引力的薪酬后，就可以理解为何教师准备项目难以吸引到优秀的 STEM 毕业生。即便联邦政府与州政府不断加大政策呼吁力度，要求学校招聘高素质教师来提高学生的学业成绩，特别是在 STEM 等紧缺专业领域，然而却没有出台与之配套的经济激励措施以吸引并留住这类教师。与其他领域的 STEM 职业起薪相比，教师的起薪低许多，而且未来的收入增长幅度有限，如果没有特定的岗位资助补贴，债务负担日益沉重的大学生就会选择其他行业。

BGT(Burning Glass Technologies)作为一家劳动力市场分析公司，收集整理了 2013 年的招聘信息，发现每名 STEM 本科毕业生就有 2.5 个职位空缺可供选择，而非 STEM 领域的每名毕业生只有 1.1 个职位空缺。[2] 这就说明了 STEM 毕业生在就业市场上大受欢迎，同时也会使得学校在 STEM 领域以较低的薪水招聘教师变得更加困难。入门级非教育类 STEM 工作需要学士学位的平均招聘薪水是 66123 美元。相比之下，2012—2013 学年初任教师的平均工资仅为 36141 美元，差距不是一点点。[3]

美国中小学教师单一的薪酬结构也不利于吸引到优秀人才，几乎 90% 的美国公立学区都有一刀切的薪酬结构，根据工作经验和受教育水平(毕业生教育年限)支付所有具有执教资格的教师薪水，不管学科类别如何。教师教育项目认证委员会(CAEP)主席，克里斯托弗·科赫建议改变薪酬结构，为 STEM 等高需求领域的教师增加薪酬补贴。尽管一些学区愿意采纳这种意见试图实施薪酬改革，然而，由于薪酬是集体谈判形式，遭到许多其他学科教师反对而导致无法落实下去。

美国国家教育协会指出，在 2004 年至 2014 年期间，经通货膨胀调整后的教师平均薪酬实际上下降了 4%。[4] 随着教师薪酬的增长缓慢和高等教育成本的逐步攀升，大学毕业生一般不会将教师作为首选职业。根据大学理事会的数据，在

1983 年至 2013 年期间，公立高等教育机构的学费、杂费、食宿费增加了 129%，学生债务自 2004 年以来增加了 92%。[5]

（二）高等教育成本飙升与债务负担加重

STEM 专业的毕业生面临的尴尬情形是一方面教师行业的收入不太理想，另一方面是大学学费不断飙升而带来的沉重债务负担。在这种高昂的大学成本、不断加重的学生债务、教育职业中相对较低的起薪以及几乎没有大幅加薪希望的背景下，学校招聘和留住高素质 STEM 教师的可能性越发不太乐观。根据瓦特、理查森和皮埃奇的说法，"如果没有受过良好教育的教师能够吸引儿童和青少年了解 STEM 领域，就几乎没有机会维持未来的 STEM 教师候选人的数量"[6]。

1. 本科教育成本逐年攀升

大学学费定价很复杂，各类教育机构的高等成本价格也差异较大。例如，在 2020—2021 学年，地区内公立 2 年制社区学院的平均公布学费为 3770 美元，州内公立 4 年制大学学费为 10560 美元，州外公立 4 年制大学学费则为 27020 美元，私立非营利 4 年制大学学费为 37650 美元。[7]

过去 30 年以来，美国各类大学公布的学费和杂费大幅增加（2020 年大学定价和学生资助的大学董事会趋势如图 3-1 所示）。大学董事会将净价格定义为"扣除助学金和税收减免后，学生和/或家庭必须支付的费用"，与公布的价格相比，净价格对学生来说更重要。过去 15 年以来，在不同的高等教育机构类型中，净价格的上涨速度远慢于公布的价格。净价格和公布价格因家庭收入和其他因素而差异很大，例如学生是在本州还是在其他州就读会面对两类差距甚大的学费价格。

大学负担能力仍然是许多人关注的问题。公立四年制本科大学的平均学费占人均可支配个人收入的比例从 2000 年年初的 33% 左右增加到 2019 年的 41%，于 2013 年达到了 44% 左右的峰值之后有所下降，自 1994 年以来，这一占比指标在每个州都有所不同，2019 年，从较低的怀俄明州的 26% 到较高的佛蒙特州的 58%，有 8 个州超过 50%。[8]

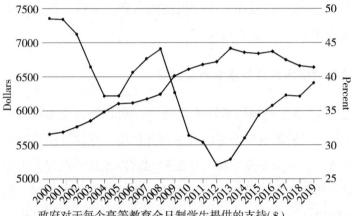

图 3-1　公立大学本科学费占可支配个人收入比例

数据来源：NSF. Higher Education in Science and Engineering. https：//ncses. nsf. gov/pubs/nsb20223/u-s-institutions-providing-s-e-higher-education.

　　自 2012 年以来，大多数年份学费在持续增长，但州政府对每名全日制学生高等教育经费的支持（以固定美元计算）增长幅度不大，2008 年美国各州为全日制学生的投入平均为 6552 美元，2019 年增加到 7269 美元，而且各州之间差异显著，最高的哥伦比亚特区投入为 34381 美元，最低的阿拉巴马仅为 2509 美元。[9]自 2001 年以来，除康涅狄格州、夏威夷州和怀俄明州三个州外，其他州的公用教育经费在州内生产总值中的百分比也有所下降。

　　2. 大学生债务负担日益沉重

　　根据纽约联邦储备银行的数据，美国大学生已经累积了总计 1.5 万亿美元的学生债务，而且他们在偿还债务方面遇到了很多困难。美国超过 1/3 严重拖欠的债务是由于越来越多的学生拖欠贷款造成的，截至 2022 年第二季度，学生拖欠的贷款已超过 890 亿美元，而 2013 年同期为 380 亿美元。波士顿大学毕业生的债务负担中位数在 1997 年至 2016 年增长了近 50%，达到 2.5625 万美元。[10]大学毕业生的债务水平因学位层次和院校类型而有所不同，过去 5 年来，毕业生的借款金额增长幅度不大。与此同时，借款的学生比例有所下降。在公立和私立非营利四年制高等教育机构中，2018—2019 届毕业生中有 56% 的毕业生负债，平均负债水平为 28800 美元，而 2013—2014 届 61% 毕业生中，平均负债水平为 28900 美元(按 2019 年美元计算)。[11]从私立营利性机构毕业的学生比从公立或私立非营利机构毕业的负债比例更高，债务水平也因州而异。

3. 博士学位获得者的债务水平

债务水平是博士学习阶段获取外部资金支持的一个指标，不同专业领域获得的资助会有差异。在过去 10 年中，因攻读研究生教育而背负债务的博士学位获得者比例(约 30%)略有下降。非 S&E 领域的博士学位获得者(46%)报告毕业生债务的比例高于 S&E 领域(26%)。[12]S&E 领域的博士毕业生债务水平也会有差异，例如，心理学和社会科学博士学位获得者中有更大比例的人背负研究生债务(44% 背负债务，平均超过 31000 美元)，而物理和地球科学博士学位(15% 背负债务，约 5000 美元)[13]，这主要源于理工科研究生在攻读学位期间更有可能获得研究资助或补贴，而社科类研究生获得资助的机会不多。与男性相比，女性毕业生背负着高债务的占比更高，这可能是由于各研究领域债务水平的差异所致。在各个领域，黑人博士学位获得者的比例高于亚洲人、白人或西班牙裔，他们在研究生院的债务超过 3 万美元。

其他可能影响债务的因素包括获得学位的时间、婚姻和受抚养状况以及父母教育程度的最高水平。导致负债增加的许多潜在因素是彼此相关的，例如，黑人博士学位获得者中有更大比例的人具有与高负债相关的主要特征：许多人是女性，就读于营利性机构，获得非 S&E 领域或 S&E 领域的学位，如心理学和社会科学，其外界财务资助水平较低。

4. 本科生和研究生资助

2019—2020 年，本科生获得了 1840 亿美元的联邦、州、机构和其他援助(不包括非联邦贷款)，低于 2010—2011 年的 2180 亿美元。在此期间，高校拨款援助增加了 72%(2019 年为 230 亿美元)。由于入学人数减少了 7%，每名本科生的平均总资助额仅下降了 1%。

2019—2020 年，研究生获得了 580 亿美元的联邦、州、机构和其他援助(不包括非联邦贷款)。与本科生一样，在过去 10 年中，联邦财政资助占研究生资助的大部分。2019—2020 年，联邦援助约占援助总额的 68%(400 亿美元)。贷款是联邦援助的主要组成部分：占比为 92%(2019—2020 年为 370 亿美元)；其余的包括退伍军人福利、教育税福利和勤工俭学项目。尽管联邦、州政府在不断增加对本科生与研究生的补助金额，但是不断攀升的学费成本还是让许多青年学子背负沉重的债务负担，期望毕业后找到报酬更高的工作以缓解财政窘况。

宾夕法尼亚大学教育研究院的教育社会学教授理查德·英格索尔说，"报酬丰厚、待遇良好、受人尊敬的工作岗位肯定不会有劳动力短缺现象"[14]。教师职业正遭受一场公关噩梦，人们会将选择教师行业视为二流职业选择。高质量的公共教育需求成为政策制定者心中的优先事项，这是一个对儿童产生重要影响的职业，应该采取有效途径增加课堂上高素质教师的数量。

二、STEM 职前培养项目缺乏质量监控

美国公立学校教育质量改善的关键就是教师在课堂上的教学水平。格林等人的研究表明，教学质量与学生的学业成功直接相关。职前教师培训项目是影响初任教师质量的主要因素。尽管每年的职前培训项目培养了大批教师，但是在培养优秀 STEM 教师方面并没有取得令人满意的效果。美国前教育部长阿恩·邓肯说："很早以前我们就清楚，国家在教师职前培养上其实可以采取更多有效的举措，让教师为课堂做好准备……新手教师期待为孩子们提供更好的课堂教学，他们往往在职业生涯初期需要应对诸多挑战，不得不为自己的职业选择苦苦挣扎。"[15]

职前教师培训项目无法取得预期的效果主要归因于职前教育机构没有坚持严格的质量标准，比如有些职前准备项目入学门槛较低，使用过时的教育技术，并且在项目结束后，没有依据明确或统一的标准进行成效评估，以了解培养过程中存在的问题并采取及时的整改措施。职前培养过程中存在的质量问题肯定会对初任教师早期的职业生涯带来消极影响。

全国教师质量委员会(NCTQ)在 2013 年教师职前准备的例行审查中，发现准备项目存在明显的低入学门槛现象。NCTQ 在对教师准备项目筛选性的评估结果发现，2013 年，本科项目中只有 36% 的学生和研究生项目中 7% 的学生是大学毕业生中表现最好的上半部分学生(学业成绩排在前 50%)，学生学术表现的测评是以标准化测试成绩和 GPA 入学要求来衡量的。[15]这些数据表明，职前教师培养项目所招收的大部分学生来自大学入学人口的下半部分(学业成绩排在后 50%

的学生），这可能是由于招生标准的门槛很低或者根本不存在招生标准所导致，准入门槛较低最终会影响教师的培养质量，也会对学生的学习带来不利影响。因为一些研究已经表明，教师准备项目招收的学生曾经就读于筛选性更强的高等院校，或有更高的SAT分数和更高的本科GPA更有可能成为有效的教师，对学生成绩提升产生更大的影响。此外，这种低入学门槛的招生方法导致了准备项目的师范生群体的学术背景存在很大差异，培训效果也会参差不齐。同时考虑到师范生不同的学术能力和学习需求，职前培养项目在课程设置与专业指导上可能会面临更多挑战，有可能因为培养计划提供的课程和内容无法满足不同学术背景的学生培训需求，从而使师范生在进入职业生涯时未能充分准备好成为有效的课堂管理者。

与此同时，职前教师培训过程使用陈旧的教学方法也可能是质量不佳的部分原因，许多职前培训课程都是以讲座制形式来实施教学，而且有大量证据表明，与传统的讲座制授课相比，实施主动学习策略的课堂可以更有效地提高学生的学习成绩。在一项涉及225项文献研究的统计分析中，研究人员比较了使用讲座制授课和主动学习策略的STEM课程的学生成绩，发现主动学习课堂中的学生在考试中的平均分数比在讲座制课堂中的学生高出6%。此外，讲座制中的学生不及格的比例是主动学习的课堂上同龄人的1.5倍。[16]

显然，招生过程中的筛选性程度不够和课程学习以讲座式为主的教学方法导致了培训效果不甚理想，同时教师准备计划所要求的问责和监督机制的严格性也受到了质疑。目前美国规范和监管教师准备项目质量的三种主要途径是：（1）由全州教育工作者小组批准项目的设置与监管。（2）由非政府机构，如国家教师教育认证委员会或教师教育认证委员会（TEAC）认证项目的质量标准。（3）参与者通过基本技能、学科领域学位和教学实践知识的国家测试，提交培训过程中满足国家教师认证要求的证据。调研结果表明，这些问责机制在很大程度上发挥的作用相当有限，对于准确衡量一个项目在培养高质量职前教师方面做得如何几乎没有起到甄别作用。例如，一项研究发现，这些问责形式"差异很大，很少进行循证研究，而且也没有对问责结果进行质量监测"[17]。此外，还有学者认为基于教师测试的认证要求是衡量教师在课堂上实际有效性的错误措施。他们被发现仅仅是"教师质量的一个粗略估算的替代，而且是基于糟糕的质量指标"。高等教育系统的整个教师培训计划的问责制相对松懈，部分原因可能是大学缺乏改革的压力。教师教育项目一直不是大学优先发展事项，只不过是被看作研究型大学除了学术活动以外的创收手段。

三、师范生的临床教学缺乏有效的专业指导

STEM 的课堂教学有效开展面临很多挑战，即使对资深教师来说也是如此。因此，临床教学准备对于培养职前教师的教学内容知识至关重要，其中临床指导教师的课堂教学示范是这种经验的核心组成部分。临床准备工作的教学指导很重要，因为它影响到职前教师实时观察高质量教学并在真实课堂上实践教学的机会。

许多学者认为，临床教学导师为职前教师提供的教学指导在一定程度上取决于导师对自己角色的感知，例如，导师可能会认为自己是师范生精神支持的来源或批判性的评估者。由于导师经常参与师范生的表现评估，因此师范生通常模仿和遵循导师的指导方法来获得积极的评价，而不是尝试形成自己的教学风格。模仿导师的教学方法虽然可能有利于师范生早期快速适应角色转换，但如果师范生需要获得持续性的专业成长，就需要导师开展高质量的研究型教学实践。

当然，熟手教师并不意味着能够自动成为优秀的指导教师。没有出色的指导教师，师范生通常缺乏机会观察高质量的教学，并在课堂上展示他们的教学技能，卓越的指导教师能够为师范生营造良好的课堂氛围，使其觉得足够安全，可以进行教学尝试，而且当参与复杂教学实践时，可以"从不可避免的错误中学习"。曾有学者将低效导师指导下的师范生实习反馈跟高效导师指导下的师范生实习反馈进行对比，发现后者使师范生获得更有益的经验。相关研究也发现，与那些没有优秀导师指导的师范生相比，那些使用研究型教学实践的导师指导的师范生更有可能接受并尝试使用探究式教学。

布拉德伯里发现，缺乏高质量的指导教师主要是由于对指导教师在上岗之前没有进行系统培训，因此导师不知如何有效地为职前教师树立榜样和指导他们。在没有培训的情况下，许多导师会强调教什么和如何教，而不关注学科内容为什么应该以特定的方式教授，这是培养职前教师教学内容知识的关键。一些导师甚至建议师范生忽略方法课程中提到的教学方法（因为他们假定这些方法缺乏对真

实课堂环境的适用性），即使这些方法是研究性教学实践并且表明能够支持学生学习。研究结果表明，如果导师得到充分的支持，如何有效地示范和指导教学，实习教师将更有可能获得教学经验，可以使他们自己成为优质高效的教师。

为了增加所有学习者在课堂上都能获得高质量 STEM 经验的可能性，教师需要做好有效地教授 STEM 科目的准备。由于导师对 STEM 教学的态度、信念和努力直接影响到职前教师对教学的态度、信念和想法，因此导师需要保持开明态度，关注学员的教学内容和知识需求，并为他们提供针对性的指导。如上所述，通过改变导师和学员之间的传统关系，职前教师更有可能体验到所需的示范和辅导类型，以反思自己的实践，在培训项目的教学活动中尝试使用创新的方法和最佳实践，以有效地教授 STEM 科目。

四、STEM 的教授贬低 K-12 教学职业的价值

根据瓦特、理查森和皮奇的观点，"受过良好教育的 STEM 专业学科教师是孩子们学习 STEM 的关键环节"。他们认为，没有教师榜样鼓励中小学的学生探索 STEM 领域（普通 STEM 行业）和 STEM 教学（特定行业），并在这些学科领域帮助年轻人奠定牢固的知识基础，PK-12 学段的 STEM 教师的短缺现象将会持续下去。实际上教师短缺的根本原因纷繁复杂，不仅是制度设计或资源整合的局限，还有文化观念的掣肘，比如目前 STEM 教师培养的一个巨大障碍就是许多 STEM 教授对 STEM 教学职业的贬低，不鼓励 STEM 专业的优秀学生选择教学行业。

美国高校教学工作的重要性似乎不能与科学研究相提并论。STEM 教授偏爱科学研究，而不是教学法的钻研，这种现象产生的主要原因是高等教育机构通常奖励那些获得研究资助和发表学术成果的教师，而对教学表现卓越的教师缺乏关注。因此，教师们对教学实践缺少兴趣，投入的时间也极其有限，吉尔哈特认为教学"只不过是为了满足教授们追求更高级的兴趣，即进行科学研究的一种方式"[18]。与此类似，本科生和研究生也受导师影响专注于培养各种研究能力，而不是钻研教学理论来提高他们的专业技能。

因此，STEM 学生通常没有机会接触到那些看重 STEM 教学的导师榜样，他们更多是将教学作为实现高级学术目标的手段，即最终目标是获得备受尊敬的科研职业或行业职位，而不是执教于 PK-12 课堂。即便曾经有过新颖有趣的学习经

历，STEM 专业的学生也不太可能将这些经历转化为对 PK-12 教师职业的渴望。事实上，如果 STEM 教师不为自己的职业尊严而重视教学，那么他们也不太可能尊重 PK-12 级别的 STEM 教学职业。因此，他们更不可能会鼓励(实际上可能会阻止)学生从事中小学的教学工作，而是劝说他们选择企业或科研机构。

由于权威杂志《美国新闻与世界报道》没有将 STEM 教师归类为 STEM 职业，这种将教师职业贬值的做法进一步加剧 STEM 教师短缺问题的复杂化。如果大学为了确保 STEM 毕业生都能获得受人尊敬的 STEM 职业，以维持它们在同行中的领先地位，那么大学可能会进一步劝阻学生从事教学，从而使学生认为自己进入教育行业是一种不被看好的二流选择。

五、STEM 教师职前培养缺乏地方需求考虑

在第二章 STEM 教师供应状况的论述中，我们已经发现，美国 STEM 教师配置在不同地方表现出较大的差异性，相比东北部、中西部与西部地区，南部地区的 STEM 教师拥有专业学位的比例更低，而且高少数族裔学校和高贫困生学校的教师具备专业学位的比例相对也要低一些。由此可以判断，STEM 教师的供应与配置是一个地方性问题，是特定学校可雇佣的特定学科的教师供需不平衡的结果。

区域教师配置不均导致一些学校有充足的合格 STEM 教师，而另一些学校多年来一直在努力聘用那些经过短暂教学培训的非专业教师来填补空缺职位。学区和学校之间教师配置存在的巨大差异是由无数的地方性因素造成的，这些因素的相互作用对于各州 STEM 教育规划、学科领域和学生群体产生了显著的影响。这些影响劳动力市场的地方性因素包括工作条件、教师工资、激励措施以及教师流失率，通常这些数据在行政区域的每个层面都有不同的表现。苏奇尔(Sutcher)等人对此解释道："即使教师劳动力市场在州一级可能是平衡的，但州内的不同学科或地区可能会面临短缺的困境。"[19] 这些教育系统内部和区域之间的差异，与每个层面的政策差异有关，形成了州与州之间，甚至学区之间不同的劳动力市场供需局面。

由于 STEM 学科的教师需求持续增长，因此在国家一级增加优秀的 STEM 教师的总数对于全面推广 STEM 来说还是很有必要的。然而，关注教师地方性短缺

问题可能会更有效更具体地确保教育系统的公平性。例如，教师准备机构和学校或学区可以创建战略合作的伙伴关系来确定教师需要具备哪些学科内容和专业技能，以及何种职前培训项目最能为候选人做好准备。此外，开发和健全准确的质量跟踪系统，以评估和预测地方学区的 STEM 教师供求关系，可以为初任教师应聘高需求职位提供更直接的申请途径。

尽管联邦和地方优先考虑扩大学生在这些关键领域的学习机会和提高教学质量，但 STEM 教师的供应仍然保持相对稳定，没有出现大规模增长的趋势。职前教师的专业培训与地方学区的需求之间的这种不匹配，使得许多学区领导人面临"在开学第一天不能把急需的学科教师，更不用说一个高质量的老师，放在每个学生面前"的尴尬情形。与此同时，地方学区与当地高等院校和其他教师准备项目之间的合作伙伴关系需要相应的支持政策和激励措施，这样才能整合多方力量解决教师短缺问题。当然，为了使伙伴关系切实发挥作用，需要改变影响职前准备项目设计和实施的传统驱动因素。也就是说，"消费者的需求，包括教师候选人、地方学区和 K-12 学生，应该是决定教师准备结构和内容的主要考虑因素"，而不是州的规定要求和高等教育机构的需求和标准。例如，几十年来，教师准备项目就已经设定了自己的招生目标，没有任何问责机制来评估招生目标确定的合理性或是否考虑到满足当地学区和学校的人才需求。调整后的合作办法将要求高等学校的教师培训项目与当地学区和学校合作，根据这些学区和学校的具体需要和空缺情况设定招生目标。

第二节　STEM 教师管道泄露折射职后培训所处窘况

STEM 教师培养管道的开端由于各种因素的掣肘而难以招聘到足够数量的教师候选人。随着职前培养阶段的结束，新手教师获得合格证书后开始执教于不同的学校，在职业发展的早期阶段又面临诸多挑战，比如在职教师缺少优质的课程资源、专业发展机会有限、同行之间的学术交流不够以及缺乏协作性的工作环境，这些阻碍教师专业成长的资源或环境障碍都会使得初任教师难以胜任教学工作而逃离教育领域，从而形成教师培养管道的人才外流，即一种所谓的管道泄露现象（Pipe Leakage）。

一、STEM 教师无法获得高质量的 STEM 课程资源

为了回应奥巴马总统提出的到 2021 年在美国中小学课堂增加 10 万名优秀 (STEM)教师的政策呼求，教师培养机构不仅需要招聘和培训合格的 STEM 教师，还必须让这些教师能够长期留在学校。实际上，解决教师队伍不断流失的关键是要改善教师的工作条件，增加工作满意度，为教师的课堂教学提供更多支持。目前美国中小学的 STEM 教师留任面临的最大障碍是缺乏理想的工作条件，教师们往往无法获得他们工作所需的教学资源与教学工具。具体来说，STEM 学科的教师通常无法获得高质量的 STEM 课程教学资源，以满足日常教学的需求。为了完成教学任务，少数教师不得不自己开发设计课程资源，当然某种程度下这可能会促进教师的专业知识提升，但在大多数情况下会导致教师工作负担过重，疲惫不堪。

相较科学和数学而言，STEM 教师获取技术和工程等学科的优质教学资源面临着更严峻的挑战。共同核心国家标准(CCSS)和下一代科学标准(NGSS)为数学和科学课程提供了课程纲要，并且在这些学科的教学资源开发方面投入很多资金。然而，研究人员却发现许多州使用的数学教科书与"共同核心标准"的课程大纲不太一致，因此就导致了 NGSS 在很大程度上仍然没有得到各州的采纳，截至 2016 年 2 月，只有 16 个州正式签署使用该标准。与此同时，商定的工程标准和核心概念还没有研发出来，在技术学科方面，2016 年计算机协会与计算机科学教师协会联合制定了 K-12 计算机科学框架。此外，将工程或技术核心概念融入其他学科或综合学科研究法的辅助教材仍然没有研发出来。

教学资源是支持教师促进学生主动参与学习过程的有形工具，它们包括课程开发、课程计划、教科书、工作簿、操作工具、结构化的实验/探索/演示、交互式计算机软件、视频和基于网络的内容。教学设计和认知心理学的研究表明，教学资源可以通过提供有意义的概念演示、将概念与先前的知识和经验联系起来、激发学习者的兴趣、安排和组织探索和实践的机会来影响学生的学习进度，通过提供多种学习途径来满足差异化的学习需求，并评估学习效果及学生取得的进步。

"高质量"意味着 STEM 教师有效利用教学资源、课程计划和课程内容，能

够帮助学生获得更好的学习成果。教师们不太确定如何区分教学资源的优劣，而各学区也很难确定哪些工程和技术课程是有效的学习内容。关于教学材料对学生学习影响的学术研究太少。事实上，尽管教育科学研究所的 *What Works Clearinghouse* 讨论了科学和数学主题，但目前还没有任何关于技术和工程的讨论主题。对课程质量和有效性的研究表明，高质量的教学资源可以对学生的学习产生积极影响。然而，同样的研究表明，课程的有效性在很大程度上取决于教师实施课程的质量，这再次证实了课程资源、评估标准以及专业发展紧密联系的必要性。尽管网上有无数 STEM 教学资源，而且许多资源是免费的，但教师往往不知道这些资源的存在，或者不知道如何找到这些资源并评估其优劣，甚至不知道如何将选择的资源纳入现有的课堂教学、学习单元和课程内容。

教师获得高质量的 STEM 教学材料不仅仅是能够简单地打开网页和检索资源。事实上，高质量教学资源的获取需要熟悉一系列操作步骤：(1)教师必须确认资源的存在、筛选、定位与使用。(2)教师需要有人指导他们如何便捷地获取资源。(3)教师能够准确识别高质量的资源。(4)教师还需要愿意并且能够负担得起资源。(5)教师必须确保资源可以在课堂上使用(例如，课程表上预留时间，有足够的实验室空间和教学用品，以及合适的互联网带宽)。(6)教师能够适当地将资源整合到他们的教学中，以满足学生的需要(例如，有统一的标准和统一的评估，适应学生已有的知识水平)。然而，最近的研究表明，许多教师放弃了在线教学资源，因为需要太多时间过滤大量未经检验的搜索结果，他们找到的教学材料要么不太实用，要么需要反复核实才能确保内容正确无误。

二、STEM 教师获得专业发展的机会不多

美国数学教师委员会认为改善 K-12 阶段 STEM 教育的关键必然是需要课堂上配备高素质教师，因为教师对学生学习有重大影响。联邦政府提倡实施大规模教师专业发展(PD)计划以此来提高在职教师的教学技能，从而能够有效改进 STEM 学科的后进生成绩。

在职专业发展对于 STEM 初任教师专业胜任力的培养至关重要。首先，教师不是以教学专家的身份进入劳动力市场的，他们只是通过教师准备项目获得了进入教学行业所需的内容知识和教学技能。而且决策者和研究人员还颇为质疑职前

培养项目的质量可靠性。特别是，许多教师在开始职业生涯时，对 STEM 内容缺乏基本了解，尤其是在小学阶段，艾弗里等人的研究结果表明，不仅在美国，而且在世界各地的国家，小学教师在教授 STEM 方面缺乏信心。小学教师缺乏信心主要是由于学科内容知识(STEM 知识)和教学内容知识(如何教授 STEM 知识)不足造成的，这使得他们在跨越传统的灌输式教学，设计 STEM 学习活动时面临诸多挑战。

即便教师准备项目为候选人提供了高质量的专业培训，入职之后新手教师也需要获得持续的学习和支持，以确保他们所教授的内容和技能与当前最新的专业领域实践保持一致。随着当今世界科学知识和技术创新的日新月异，学生在学校内外健康成长所需的知识和技能类型以及为他们提供的学习体验方式都已发生很大变化。因此，即使是在 STEM 学科中掌握丰富内容知识的教师，在其职业生涯中也需要持续的学习来加深对 STEM 理念和核心概念的理解。专业发展项目需要满足教师们不同职业阶段的发展目标，包括强化教师的内容知识，使教师熟悉新课程，或向教师介绍新的教学策略。因此 STEM 教师需要更多专业发展机会，但是 K-12 连续体的教师往往缺乏获得高质量的专业发展机会以提升 STEM 教学技能以及分享教学经验。

美国 STEM 教师专业发展项目主要通过灵活多样的方式为教师们提供广泛的参与机会，比如培训指导类微型课程、专业学习社群、定期工作坊和暑期学院。尽管专业发展形式多样，但有效的专业发展活动必须具备以下几个特征：(1)关注具体课程内容。(2)积极学习的机会。(3)与其他培训政策和实践的协调与统一。(4)来自相同学校、年级或科目的教师的集体参与。(5)足够的学习时间。在 STEM 专业发展项目中，将培训活动与教学实践紧密联系起来，如使用学生作品、教学录像或课堂上的其他物品，也被认为是有效专业发展的一个重要特征。

然而，大多数教师缺乏获得具有这些特征的专业发展机会。尤其是教师参与的大部分专业发展活动并不专门针对 STEM 科目的教学，而是侧重于培养教学的通用能力。例如，在一项针对数学和科学教学教师的全国代表性研究中，77%的小学科学教师，54%的中学科学教师和43%的高中科学教师报告说，在过去三年中，他们花在以科学为中心的专业发展上的时间不到 15 个小时。同样，70%的小学数学教师、46%的中学数学教师和47%的高中数学教师报告说，在过去三年中，他们花在以数学为重点的专业发展机会的时间不到 15 个小时。[21]

此外，这项全国性的调查发现，只有不到 44% 的教师报告在过去三年里参加了专业发展，也是从另一方面证实了科学老师和数学教师缺失高质量专业发展机会的状况。这些数据表明，教师总体上在 STEM 相关的专业发展活动以及其他重要的专业发展活动上投入的时间相对较少，更不用说参与最佳实践分享的专业发展活动。

三、STEM 教师缺乏资金提供高质量的 STEM 学习机会

STEM 课程教学需要使用特定的设施和材料，如实验室、显微镜、电子设备和植物，而许多学校在 STEM 课程教学上使用的经费有限。有时候这些经费短缺可能是由于资金的分配方式欠妥，而不是可用资金不足。此外，缺乏统一连贯的 STEM 资助系统也可能会导致资金流不稳定，并对地方层面的 STEM 课程实施带来影响，特别是在学校问责制和绩效考核方面没有优先考虑科学、技术和工程学科时，经费的分配自然流向了核心科目的教学。当然一些学校和学区会争取企业、非营利组织和基金会的支持，在联邦专项资金不足的情况下，补充资助 STEM 项目，但并非所有学校都能够获得这些资源，而且这些资金流也不会随着时间的推移而逐步稳定下来。由于缺乏稳定的 STEM 专项资金支持，导致了学校和教师没有经费购买足够的 STEM 设施和材料。

通常由于缺乏 STEM 资金而导致课堂上设施和材料不足的情况在美国中小学较普遍，对此，詹姆斯（James）给予了证实，他指出，许多学校无法提供 STEM 学习经验所需的物理基础设施（包括校舍本身）、设备或材料。[22] 其他研究人员也已经意识到，比如那些专注于机器人技术的 STEM 项目，需要昂贵的设备和材料，而这些设施对个别学校来说根本无力购买。

关于教师缺乏 STEM 资金的一些最令人信服的证据来自教师自己的证词，许多教师用自己的亲身经历来说明由于 STEM 资金缺乏而带来的各种尴尬。2007 年，美国国家科学教师协会的主席分享了他们从教师那里收到的数百条关于当地科学设施和材料资金不足的意见反馈。反馈的主要问题是没有经费购买材料、教学设备不合适或质量较差、缺乏用于实验室的合适空间或安全可靠的材料不足，缺乏适当的设备使学生对 STEM 课程的投入和准备不足，并导致 STEM 课程的缺

席率较高。

全国学校供应和设备协会的调研结果发现，随着学校和学区预算的不断缩减，教师通常自掏腰包购买物品来填补教学材料的资金缺口，这导致了教师个人承担了教学材料的大部分费用，几乎所有教师都自费购买了材料。然而，许多教师买不起更昂贵的 STEM 教学设施。例如，机器人设备通常要花费数百美元，只能由地区经费资助，而不是由个别教师购买。还有一些教师报告说，他们为科学课程购买了相对低成本的材料，这些材料很容易买到，比如在杂货店购买的化学实验原料或园艺材料。显然，这种由教师自费购买教学材料的行为不可持续。

四、STEM 教师缺少获取行业经验的机会

美国中小学目前缺乏经过良好培训具备教授 STEM 技能所需内容知识的教师，这些技能将为学生应对社会和经济挑战做好准备。由于 STEM 领域的知识更新速度相当迅速，教师需要时刻准备关注 STEM 行业发展动态，以便能够了解与熟悉这些学科的最新进展。而 STEM 教师精进 STEM 专业知识的有效途径就是采取与他人合作的方式提供高质量的教学资源，如 STEM 行业专家、大学教师和跨学科的 STEM 教师。美国西北大学的研究人员发现，由于 21 世纪 STEM 领域的发展变化日新月异，STEM 教师通常对当前的 STEM 职业发展状况缺乏足够的了解，不知采取何种教学方式支持学生为这些职业做好准备。因此，需要增加 STEM 教师与同行交流学习的机会，以此促进他们了解最新的学科内容知识，以及增强教师为学生提供 STEM 整合式学习体验的能力。

STEM 教师与大学教师之间，以及不同领域的 STEM 教育工作者之间的伙伴关系，将会有效地支持教师的专业成长。2010 年，由美国国家科学基金会的数学和科学伙伴计划资助的各种项目在大学和地区之间建立了伙伴关系，以支持 K-12 教师的专业发展。这些项目合作形式多样，例如，K-12 教师与大学 STEM 专业教师可以在课堂上一起探讨新概念，以及 K-12 教师和 STEM 教师共同参与专业发展会议。K-12 教师和大学教师之间的这些伙伴关系增强了教师在 STEM 教学中的内容知识、教学法和自我效能。

STEM 教师跨学科合作的伙伴关系亦可以有效地支持教师的专业学习。研究表明，与其他 K-12 阶段 STEM 教育工作者一起参与学习团队的教师收获了多种

好处，包括有机会参与关于科学和数学主题的丰富讨论，加深对 STEM 内容的理解，以及增加对教学 STEM 内容的准备程度。特别是与不同领域的 STEM 教师合作可以帮助教师更好地整合 STEM 学科，这是许多 STEM 职前培养项目往往未实现的目标。此外，与那些曾在科技企业工作过的 STEM 教育工作者合作亦能特别有效地支持教师的学习。

与此同时，经验丰富的行业专家也可以帮助教师提高他们对 STEM 内容如何在实践中应用的理解，从而允许他们以更加实用的方式教授 STEM 内容。事实上，将 STEM 专业人员纳入教师教育项目被认为是一种最佳的培训实践，因为专业人员可以为在该领域没有行业经验的 STEM 教师提供关键的专业领域知识或经验分享。美国国家教学和未来委员会的一份报告发现，STEM 专业人员可以为教师提供各种资源，从"分享专业知识、职业经验，或个人专业成就的故事"，"指导教师培训或培养教师新技能（如将技术融入课堂）"，委员会还建议，教师和 STEM 专业人员可以在课程开发和项目设计方面进行合作，专业人员既可以分享与学科内容相关的专业知识，也可以将教师与行业领导者联系起来。目前虽然许多地方社区都不乏 STEM 领域的专业人士，但如何建立和维持教师与专业人士的伙伴关系可能还未形成长效机制。

五、STEM 教师缺乏协作性的工作环境

STEM 行业的专业人士渴望协作，因为人们普遍认为协作可以激发良好的思维和创新，并在富有挑战性的工作中提供社区和支持。研究表明，当员工在团队中工作，并得到团队成员的信任和合作时，他们的表现优于缺乏良好关系的个人和团队。伟大的领导者是团队建设者，有助于创造一个培养信任和合作的环境。

协作就是与其他人一起工作来产生或创造某些东西的行为。遗憾的是，在 K-12 的 STEM 教学活动中，大多数教师并没有将寻求协作的工作环境视为首选。传统上，教师大部分时间都独自待在一个房间里，与其他教师分开，很少有时间与其他教师一起合作设计课程，分享教学实践，评估学生表现。研究人员注意到，几十年来学校教育的学科教学存在着孤立和隐私的文化规范，以及缺乏教师合作氛围。美国教师报告称，在设计课程和分享实践方面几乎没有专业合作，即便有合作，也是一种微弱的合作关系，不侧重于加强教学。国际上的同行们显然

并非如此。在日本、荷兰、瑞典和新加坡等拥有高成就学生的许多国家，教师都有更多的合作机会。

STEM教育中，合作可以采取多种形式，从教师之间的合作教学到合作研讨，合作目标也有多种，从课程开发到共同解决问题。在实践方面，STEM教学的合作既可以包括STEM教师之间的合作，也可以涵盖STEM教师与专业导师、特殊教育专业人员或英语学习者专家之间的合作。合作可以在单一的STEM学科教师、整合的STEM学科教师或非STEM领域的教师之间进行。它还可以包括STEM教师与校外STEM行业的专业人员或高等教育专家合作，甚至包括与从事STEM职业的家长或其他社区成员合作。合作是与更高水平的教师满意度和留任相关的几个积极的工作条件之一。有效的合作使教师能够改进教学实践，并建立社会资本以支持专业学习，从而掌握教学法和极大改善学生学习成绩。研究已经证明高水平的教师合作与高水平的学生成绩显著相关。

第三节　STEM教师协同培养助推教师培养管道拓宽

正如前文所述，美国STEM教师培养现状中所呈现出来的诸多问题已经对STEM教师的供应与配置产生了许多不利影响。无论是职前培养阶段面临的各种挑战，比如师范生招聘环节难以吸引到优秀人才，教学实习期间缺乏高质量指导，还是在职教师专业发展面临的诸多问题，比如专业学习机会有限、协作性工作环境难以形成以及行业经验无法获取，都已经让人们深刻地意识到STEM教师培养面临的不是职前或职后某一阶段的单个问题，而是由于整个培养体系缺乏协同培养意识以及协同培养机制而引发的一系列问题，从而使得STEM教师的供应与需求不仅呈现失衡状态，而且还无法针对现有师资队伍建设提供质量优化路径。因此，STEM教师培养现状的改进迫切需要联邦、地方学区、教师培养机构以及中小学树立协同培养意识，携手共建协同培养机制以保障STEM教师培养管道的畅通。

一、STEM教师的协同培养意识亟待强化

美国STEM教师协同培养目前面临的问题不仅是制度上的协调问题，更多还

是教育理念的分歧，从历史上看，关于教师教育最佳方法的争论的核心问题源于对公共教育目的、教学和学习过程以及教师角色的不同假设和信念的分歧。当前关于教师角色和教师准备的两种不同观点也时常面临交锋。专业主义的观点认为，教育是一项需要充分准备与支持，以及严格考核标准的工作。该观点要求所有教师具备学科知识、教育技能和文化理解等知识，只有这样才能把学生教育好。但是解制主义的观点与专业主义观点相对。解制主义者认为，教育是大多数有智慧的个体都能胜任的工作，所以教师认证是不必要和浪费钱的事，因为教育所需要的技能可以在工作实践中获得，因而教师教育不必非要通过教育学院培训不可。这些相左的教育理念使得美国近些年来的教师教育改革进程缓慢，没有得到根本性改变，只是在原有的基础之上不断修补。

专业主义的倡导者建议建立或维持一支专业的教师队伍和一个教师教育系统，为教师的专业角色和教学生涯做好准备。解制主义的拥趸者则认为，建立和维持一支专业的教学队伍来教导每个人的孩子成本太高，他们主张让"他人的孩子"成为教师，以技术人员角色来实施他们所获得的教学脚本，他们相信这些教师接受的职前准备和随后的教学脚本将导致学生标准化考试成绩的提高。在这种观点下，初始教师教育（通常被称为"职前教师培训"）应该非常简短，教学培训主要在工作中进行。人们对这些教师从事教学职业的期望很低，简化培训项目的设计目的是使这些临时教师能够在几年内被其他经过严格培训的教师取代，这些教师也将在几年后离开教学行业。专业主义者的目标很明确，意图把教师认证权限约束于学院和大学的教育部门之中。他们主张，任何没通过州准允的，由教育学院提供的专业学习和认证培训项目的人，不能算执证教师，不能进入课堂任教。"解制"（dergulation）的本意是指"为使市场效率得到提高而移除或减少各种障碍"。解制主义相信，教师会在实际教学中学会如何教学。解制主义者的目标是突破当前的州立教师认证体系，允许学校从自由市场中雇用学识渊博的教师。

STEM教师协同培养意识是对专业主义的一种坚持，认为教师作为专业人士必须拥有专业知识以及专业技能，在从业前需要接受严格的培训，并要通过专门的考试获取专业证书。协同培养意识又不是完全摒弃解制主义，解制主义是替代性教学认证的理论辩护者，主张整合市场的力量来拓宽教师培养轨道。协同培养意识是对专业主义与解制主义的一种调和，主张以全局视野来兼容各种流派的观点，采用实用主义的路线来解决 STEM 教师供应不足的问题。

美国作为教育分权的国家，在学校教育的改革上缺乏强有力的联邦政府的协调，以至于各州在 STEM 教师培养途径上各循其道，缺乏有效的沟通与协调，未能在全社会形成协同培养的意识。这种协调一致的培养意识树立所面临的挑战不在于是否承认 STEM 教师培养于美国社会经济发展的重要性，而在于是否认同协同培养的可能性与可行性。可能性的最终实现是需要各类利益群体整合多方资源为 STEM 教师的职前培养以及在职培训提供制度、组织与物质上的保障与支持。STEM 教师协同培养不仅是要解决各类参与主体之间的横向合作问题，还有基于教师群体专业成长轨迹，纵向地贯通不同阶段的专业发展机会，为教师从职场小白成长为特级教师，打造一条促进教师持续学习与终身发展的通道。

二、STEM 教师协调培养机制急需形成

美国教师教育的历史较悠久，自从 19 世纪中叶就有了正规师范教育传统，各种各样的培养机构，如中学、神学院、研究院、师范学校、师范学院、社区学院和大学都在教师教育方面发挥了重要作用。弗雷泽指出，"截至 1914 年，美国几乎每一个人口在 30 万以上的大城市和大约 80% 的人口超过 1 万的中小城市都有自己的教师培训计划，为公立学校系统输送合格师资"。[23]

在美国教师教育的发展历程中，高等院校在教师教育领域实际上处于垄断地位的时间相对较长。20 世纪 80 年代以后，美国面临教师严重短缺的危机，传统的教师培养体制很难满足中小学的实际需要。为了拓宽师资来源渠道，提高教师队伍素质，美国各州实行了替代性教师认证项目（Alternatlve Teacher Certlficatlon Program），为越来越多已获得学位、具有一定工作经验、自愿从事教师工作的人员提供机会。替代性项目的实施主体范围广泛，各州符合指定条件的项目实施主体，包括学区、服务中心，学校、私人公司、财团、社区学院以及传统的四年制学院。从此以后，美国中小学教师培养格局由高等院校一统天下转变为高等院校和州政府授权的各类组织机构分而治之的局面。这也是解制主义在教师教育改革上取得的胜利，利用市场力量介入教师教育项目，不仅简化培训程序以节省教育成本，而且还可以提高教师产出数量，以缓解中小学面临的教师短缺问题。

美国 STEM 师资培养目前面临的诸多问题，从职前的高质量培养项目的推出

到职后持续稳定的专业培训计划的开展实际上都暴露出 STEM 教师培养体系缺乏连贯性与协同性，也就是说 STEM 教师培养机构各自为政，政府部门、学校机构与社会群体缺乏有效沟通协调，在 STEM 师资的准备、招聘与保留方面缺乏全局性协调机制与保障措施。弗雷泽(Fraser)在回顾了美国 50 年的教师教育改革历史后，得出如下结论，美国的教师教育改革从未得到很好的协调。以芬兰为例，弗雷泽展示了这种协调对于教师准备项目中如何指导未来教师在复杂多变的世界创新教学改革，满足学生的多样化学习需求，引导不同文化、种族和社会背景的学生如何思考、行动、适应和创造性地交流的重要性。弗雷泽所提及的教师培养体系未能有效协调的问题实际上也是 STEM 教师培养管道无法畅通的根本性原因。他指出当前教师教育需要进行改革，以统一规范的制度来保障 STEM 教师培养工作有序进行，包括制定 STEM 教师培养的专业标准，为教师认证项目制定临床培训要求，在教师培养计划中建立专业学习社区，扩大和加强教学工作的职业化，有效地利用技术作为教学工具，将教师教育改革作为整个教育体系改革的一个组成部分。

STEM 师资培养主体的多样化使得协同培养机制的形成尤为必要，首先，联邦政府应该发挥掌舵者的作用，确立教师培养协同的总体目标框架，明确参与机构主体的职责与义务，建立基于教师协同培养的评价制度与问责制度。其次，组建高水平的教师教育师资队伍，协调统筹各方优秀师资，联合高等院校学科专家、中小学骨干教师、行业机构 STEM 专家等多家机构的师资力量，为不同职业阶段的教师专业发展提供理论与实践指导，针对个性化需求量身定制专业发展方案，为形式多样的专业发展活动提供师资保障。最后，调动非政府组织参与的积极性，STEM 教师协同培养是全员参与的战略性发展规划，非政府组织不仅可以提供资源共享与人员支持，还可以发挥质量监督的作用。

三、STEM 教师协同培养的实施路径有待探索

STEM 教师协同培养是一项系统工程，需要周密谋划与精心布局，才能确保协同培养从战略规划转化为行动实践，具体来说，就是要做好 STEM 教师协调培养目标框架、保障条件、实施路径等多方面的准备工作。

(一)建构 STEM 教师协调培养目标体系

STEM 教师协同培养战略的实施应遵循教师专业发展规律,依据教师不同阶段的发展需求,建构既各有侧重又连续统一的教师协同培养目标体系。具体来说,首先,确立教师教育协同发展的总体目标,即培养符合教育发展要求的高素质专业教师和能够引领教育发展的特级教师。教师总体目标为教师职前、入职、职后阶段的培养提供了依据,具有统率教师专业发展各阶段教育目标的作用,STEM 教师协同培养应以总体目标为导向展开具体的培养活动。总体目标的建构需要在联邦教育政策的指引下,既要顺应 K-12 教育改革发展的客观要求,又要满足教师专业发展的实际需要。其次,根据教师职前、入职和职后各阶段的特点与需求制定具体目标,形成教师不同发展阶段相互支持的目标体系。职前教育阶段是教师培养的开端,应以培养合格的预备教师为主要目标,帮助师范生通过系统的理论知识学习和综合的现场教学实践为教师的专业发展与终身学习奠定坚实基础。入职教育阶段作为职前教育与职后教育的重要衔接,应以培养有效教师为目标,帮助初任教师将认知层面的理论知识同真实的教学情境以及具体的教学实践活动进行有机连接,尽快适应身份的转换,实现教学技能的进一步提升。职后教育阶段就是进阶阶段,教师具备较强的自主发展意识与较扎实的专业基础,要为 STEM 教师的持续专业成长提供专业发展、学术交流与资源获取等多方面的支持,助力专业教师成长为具有示范效应的大师级教师。

(二)形成 STEM 教师协同培养的保障系统

从美国 STME 教师改革实践的探索来看,STEM 教师协调培养不仅需要建立相应的保障系统,而且各项保障措施还需要进行有效的整合,促进教师培养管道畅通。其一,STEM 教师协调培养需要政府提供制度保障,政府发挥远距离调控者的作用,出台政策法规为协同培养提供制度支撑。其二,政府还需充任经费资助者的角色,为协调培养持续注入经费,以确保协同培养机制有条不紊地运行。其三是资源保障,这就需要协同培养机构整合利用多方教育资源,搭建能够满足教师各阶段专业发展需求的教育资源平台,利用先进的信息技术手段为教师提供新型的学习认知工具,建立包括网络教学课堂、数字图书馆等在内的教师教育资源中心，为教师职前职后协同培养提供充足的资源保障。其四是专业保障，建立全国性或区域性教师教育发展联盟，构建教师交流协作平台，带动跨校跨区域的教师的合作交流，共同探索 STEM 有效教学的成功经验与最佳做法，推动教师协同培养实践的创新探索。

（三）探索 STEM 教师协调培养的实施路径

STEM 教师协同培养既意味着各实施主体的责任分担，也预示着各类主体需要发挥独有的优势与特色，探索多样化的实施路径。针对职前和职后阶段的不同特点提供差异化的专业培训机会，并且确保教师职业发展不同阶段的前后兼顾和相互衔接，避免教师在不同发展阶段培训机会的叠加重复和资源浪费，从而保障教师专业成长的连续性和可持续性。STEM 教师的协同培养需要为教师的职前准备以及职后培训提供多样化的培养空间和教育资源，教师教育机构由原来单一的高等学校或师范院校拓展至联邦政府、地方政府、高校、教育培训公司和中小学校等主体共同参与、学校教育与社会教育相互交融的教育场域，不仅教育空间得到了拓展，而且教育资源和学习形式也得到了极大的丰富，真正实现多种社会力量和教育资源的有效整合。由此，教师可以更加自由地选择多种学习空间、多样化的学习资源和灵活的学习方式，完成初始资格培训和持续专业发展。

STEM 教师培养因不同执政党采取的政策路线而呈现出多元发展的态势，比如 20 世纪 80 年代里根政府坚持教育市场化的路线，主张市场力量介入教师教育的改革与发展，为公费供养的教师教育系统注入创新活力与竞争压力，可以使得美国中小学教师短缺现象暂时得到缓解。当然有利必有弊，市场机制催生的快速通道虽然可以扩充教师数量，但在质量的保障上缺乏令人信服的数据。进入 21 世纪，奥巴马执政时期，主张市场化的解制主义与主张国家控制的专业主义似乎走上了一条和解的道路，为 STEM 教师培养开辟了一个更广阔的舞台。市场与国家的联手使得 STEM 教师协同培养成为 21 世纪的一种共同愿景，不同组织机构之间形成合作伙伴关系，整合利用全社会的教育资源为 STEM 教师的职前培养与在职培训提供制度、组织、技术、物质与人员等方面的保障。

参考文献

[1]Jones, J. (2014). An Overview of Employment and Wages in Science, Technology, Engineering, and Math(STEM) Groups. Bureou of Labor Statistics, 3(8).

[2][3]Burning Glass Technologies(2014). Real-time Insightinto the Market for Entry-level STEM Jobs. Retrievedfrom http：//burning-glass. com/research/stem/.

[4][14]Yaffe,Deborah(2016). Tackling the Teacher Shortage. The Education Digest, 81(8).

[5]National Association of Colleges and Employers(2016). Overall Starting Salary for Class of 2015 Graduates up 4. 3 Percent. Retrieved from http：//www. naceweb. org/job-market/compensation/overall-start-ing-salary-for-class-of-2015-graduates-up-4-3-percent/.

[6] Watt, H. M. G., Richardson, P. W., Pietsch, J. Choosing to Teach in the "STEM" Disciplines：Characteristics and Motivations of Science, ICT, and Mathematics Teachers. Adelaide, SA：Merga, Inc. 2007.

[7][8][9]NSF. Higher Education in Science and Engineering. https：//ncses. nsf. gov/pubs/nsb 20223/u-s-institutions-providing-s-e-higher-education.

[10][11]Andrew Berkley. America's Student Debt Crisis Explained. https：//www. weforum. org/agenda/2019/09/us-student-debt-crisis-explained-america-education.

[12][13]NSF. National Center for Science and Engineering Statistics (NCSES) Doctorate Recipients from U. S. Universities：2017. December 04, 2018. https：//ncses. nsf. gov/pubs/nsf19301/.

[15]U. S. Department of Education (2014). U. S. Department of Education Proposes Plan to Strengthen Teacher Preparation[Press Release]. Retrieved from https：//lwww. ed. gov/news/press-releases/us-depart-ment-education-proposes-plan-strengthen-teach-er-preparation.

[16]Greenberg, J., McKee, A., Walsh, K. (2013). 2013 Teacher Prep Review.

National Council of TeacherQuality, 37-39. Retrieved from http: //www. nctq. orgldms View/Teacher. Prep_Review 2013. Report.

[17] Coggshall, J. G. (2012). Evaluating the Effectiveness of Teacher Prepara-tion Progroms for Support and Accountability. NationalComprehensive Center for Teacher Quality, 2-4. Retrieved from http: //fles. eric. ed. gov/fulltext/ED543773. pdf.

[18] Bouwma-Gearhart, J. (2012). Research University STEM Faculty Members' Motivation to Engage in Teaching Professional Development: Building the Choir through an Appeal to Extrinsic Motivation and Ego. Journal of Science Education and Technology, (21).

[19] Sutcher, L., Darling-Hammond, L, Carver-Thomas, D. (2016). A Coming Enisis in Teuchiny? Eucher Suppy; Demand, and Shortages in the U. S. Palo Alto, CA: Learning Policy Institute. Retrieved from https: //learningpolicyinstitute. org/product/coming-crisis-teaching.

[20] Kosturko, L. (2016). Computer Science Education Support Surging: But Who's Going to Teacht? [Blog post]. Retrieved from: http: //blogs. sas. com/content/ sascp/2016/02/04/working-computer-sci-ence-teacher-demand.

[21] Banilower, E. R., Smith, P. S., Weiss, I. R., Malzahn, K. A., Campbell, K. M., Weis, A. M. (2013). Report ofthe 2012 National Survey of Science and Mathematics Education. Chapel Hill, NC: Horizon Research Inc.

[22] Ejiwale, James (2013). Barriers to Successful Implementation of STEM Education. Journal of Education and Learning, 7(2).

[23] Fraser, A. Kennedy, L. Reid, S. Mckinney (2007). Teachers' continuing professional development: Contested concepts, understandings and models. Journal of In-Service Education, 33 (2).

第四章　STEM 教师协同培养的顶层设计

美国联邦政府、州政府与地方学区、私人基金会、专业协会、大学与中小学以及产业界以合作伙伴的关系形成了协同培养的多主体参与机制，制定需求导向、资源整合和共同愿景的战略规划，来拓宽和深化 STEM 教师培养管道，并针对奥巴马总统提出的 10 年培养 10 万名 STEM 新教师的政策呼吁来推动整个 STEM 教师教育体系的全面改革。协同培养采用了各方利益群体紧密合作的形式，专注于 STEM 教师职前准备工作、入职培训与在职专业发展，采用激励策略来招募高素质的 STEM 教师候选人，为 STEM 在职教师提供高质量的专业成长和协作工作环境，共同促进 STEM 教师培养链条的持续稳固。这些合作伙伴共同催化了学校、教师、学生和家庭的改变，取得了整体大于部分之和的教育改革效果。STEM 协同培养项目的所有参与者都以他们独特的优势为整体的 STEM 教育质量提升作出贡献，从彼此的成功和奋斗中相互学习，协同创新，并为高质量的 STEM 教与学带来新的解决方案。

第一节　STEM 教师协同培养的多主体参与机制

STEM 教师的协同培养不可能单纯依靠某一类培养机构的努力来完成，而是需要形成一个多主体参与的合作机制，这些合作主体，既有政府机构，也有非政府组织、大学与中小学。他们通过各种正式或非正式的联结机制来扩大或充实 STEM 教师队伍。这一合作系统中的构成要素，既有教育政策制定者联邦政府及州政府，又有非政府机构如专业协会联盟、私人基金会和产业界，核心参与者就是高等院校、中小学校与地方学区。

一、联邦政府：协同培养的调控者

美国是实施教育分权管理体制的国家，即教育权力分散在各州，联邦政府没有直接干预教育的权利，只能通过立法和财政手段来调控教育的发展。STEM 教育是联邦政府倡导的一场科学教育改革创新运动，联邦政府通过联邦教育部、国家科学基金会以及其他联邦机构对 STEM 教育发展产生深远影响。STEM 教师的协同培养是由联邦政府充当调控者的角色，以政策法规形式推动 STEM 教育的发展以及 STEM 教师的培养。从 1996 年开始，联邦政府陆续出台一系列政策推动 STEM 教育发展。

2002 年布什政府签署颁布《不让一个孩子掉队法》(*No Child Left Behind Act*，NCLBA)。法案中要求每个课堂都由"高质量"教师授课的规定对 STEM 教师的培养产生了直接的影响。2003 年度的预算中，在该法 Title II 条款下，用于教师培养、教师及校长招聘的拨款是 29 亿美元，其中有 1.8 亿美元专门用于数学和科学教育，主要资助数学与科学合作伙伴计划(Mathematics and Science Partnership)使用，该计划通过鼓励各州之间、高等教育机构与当地教育部门、中小学之间的合作项目，来提高教师的学科专业知识。[1]此外，联邦政府还通过颁布法案来促进伙伴关系的形成，协调 STEM 教师培养，即鼓励多种组织机构之间全方位的合作，举国上下能够以一个"共同责任"的理念来参与 STEM 教师教育，有利于整合多方资源，提高教师培养质量。2007 年布什签署通过《美国竞争力法》(*America Compets Act*)，该法案对各个机构联合培养 STEM 人才给予了高度的关注。法案的条款六就是关于教师培养的资助(Teacher Assistant)，主要包括三个方面：一是资助"成为未来具有竞争力的教师"(Teachers for a Competitive Tomorrow)项目，培养具有 STEM 学士学位、掌握关键外语且持有教师资格证的教师，并开发科学专业硕士学位项目。二是资助大学 STEM 专业的先修课程(AP)与国际学士课程(IB)的合作培养项目，增加修读 AP 和 IB 课程的学生人数，以扩充 STEM 教师职前培养的人才储备。三是资助卓越的 STEM 教学实践(Promising Practices in STEM Teaching)，组建专家团体，为中小学 STEM 教师的教学实践改进提供帮助。

奥巴马执政期间，更是将 STEM 教育视为优先发展事项，先后颁布了《美国创新战略》《联邦 STEM 教育五年战略计划》《STEM 教育法》等政策法规来促进

STEM 教育的全面推广，并以此为契机，加大对 STEM 教师培养项目的投资。在 2009 年《美国复苏与再投资法案》授权下，国家科学基金会和联邦教育部以及国防部、宇航局、商务部等有关 STEM 教育的机构都得到了相应的拨款，要求这些机构必须参与 STEM 教育和教师培养有关的活动，对 STEM 教师教育的项目和活动的顺利开展产生了直接推动作用。2010 年全美州长协会与全美州教育部长理事会一起颁布了《州共同核心课程标准》，新课程标准对教师的专业能力提出了新的要求，为了满足数学、科学教师专业发展的需要，教育部提请的《初等与中等教育法案再授权》(ESEA) 要求 2011 年度的财政预算为 3 亿美元，用于数学和科学的有效教学。以上这些活动和措施表明联邦政府意欲采用更加积极的调控手段和资金分布策略来建立一个更加稳固的领导结构，从而影响 STEM 教师教育。

联邦政府的调控始终是以尊重各州的教育权限为基础，以确保所有公民教育机会均等，并促进教育卓越为己任，以法律或财政手段影响 STEM 教育发展，通过联邦政府支持的教育科研、评估和信息发布来促进 STEM 教育质量提升和教师专业发展，如举行全国性的调查，搜集全国范围的数据，为各州制定策略提供服务，联合农业部、能源部、商业部等与 STEM 教师培养有关的政府机构，制定有关 STEM 教师教育的策略、计划，帮助各州培养 STEM 教师。与此同时组建专家团队形成项目研究小组，发布研究报告，这种报告可以为各州的 STEM 教育发展即 STEM 教师培养提供科学的建议，从而为各州 STEM 教育的质量改进带来积极影响。

二、州政府和地方学区：协同培养的监管者

美国教育分权体制下的州政府，实际上掌管着教育决策和行政管理的主要权力。州政府教育部负责制订所有的课程规划和全州的教育发展计划，绝大多数的教育法律是由州政府制定，地方学区要严格执行这些政策与法规，公立学校的教育经费主要是由州政府和地方学区提供。学区是州最基层的教育行政单位，是直接管理学校的地方公共团体。公立学校分属各地方学区，接受民选产生的地方教育委员会的领导，学区内的重大决策问题，包括人事任免在内，均由地方教育委员会作出最后决定。公立学校教师任用资格鉴定和教师聘任是由两个不同级别的教育行政机构来实施的，教师任用资格的鉴定和教师资格证书的颁发权利属于各

州教育委员会，而教师的聘任权属于地方学区教育委员会。

州政府和地方学区在 STEM 教师协同培养上扮演着协助者与监管者的角色，协助者主要是配合联邦政府发展 STEM 教育的战略规划，为 STEM 教师职前培养项目或在职培训活动提供经费资助，或者是针对本地区的教师短缺情况，联合大学与中小学推出定向培养的教师职前项目，为教师候选人的就业安置以及教育资源整合提供协调。监管者则是指州政府主导的教师资格认证系统，美国的教师资格证书认证分全国性和地方性两种。全国性的认证由全国教师教育机构认定委员会（National Councilf or Accreditation of Teacher Education，简称 NCATE）负责，其认证标准和结果不具有强迫性。地方性认证由各州负责，各州实施的教师资格认证制度具有强迫性，各州是否接受 NCATE 认证的结果，则由各州教育主管机构、大学及学院等师资培养机构自愿选择。

三、联邦隶属机构：协同培养的协调者

STEM 教师协同培养机制除了联邦政府的掌舵与国会的法律授权之外，还需要一些重要的联邦直属机构加以协调与襄助。

（一）国家科学技术委员会（National Science and Technology Council，NSTC）

国家科学技术委员会是总统科学技术（S & T）顾问的内阁级理事会，于 1993 年 11 月 23 日经行政命令成立，成立的目的是要履行以下职能：协调科学技术政策制定过程；确保科学技术政策决定和计划与总统的政策优先事项相一致；协调总统在整个联邦政府的科学技术政策议程；确保在制定和实施联邦政策和计划时考虑到科学技术发展以及进一步加强国际科学技术合作。

国家科学技术委员会是联邦政府协调各种联邦研发实体的科学技术政策的关键发言人，其主要工作目标是确保科学和技术政策决策和项目符合总统的既定目标。国家科学技术委员会还研究制定战略发展规划，这些战略规划在联邦各机构之间进行协调实施，旨在实现多个国家目标。

（二）科学和技术政策办公室

科学和技术政策办公室（Office of Science and Technology，OSTP）是根据 1976

年的《国家科学和技术政策、组织和优先事项法案》(*National Science and Technology Policy, Organization, and Priferences Act*)成立的，旨在向总统及其行政办公室的其他官员提供有关经济、国家安全、国土安全、卫生、外交关系、环境、技术更新和资源利用等方面的建议。OSTP 负责机构间科学和技术政策协调工作，协助行政预算办公室对联邦预算资助的研究和开发项目进行年度审查和分析，以作为总统对联邦政府的主要政策、计划和方案进行科学和技术分析和判断的来源。

(三)STEM 教育委员会

STEM 教育委员会(Committee on STEM，CoSTEM)是根据 2010 年《美国竞争委员会重新授权法案》第 101 条的要求成立的。根据该法案授权，委员会审查联邦机构的科学、技术、工程和数学(STEM)教育计划、投资和活动，以及各项评估，以确保它们的有效性，同时还与行政预算办公室协调整个联邦机构的 STEM 教育计划、投资和活动。

STEM 教育委员会是联邦政府致力于科学、技术、工程和数学教育的最高级别的管理机构。它负责协调整个政府的 STEM 教育计划，并且每五年制定一个战略计划。联邦 STEM 教育协调小组委员会(FC-STEM)(Federal Coordination in STEM Education)负责监督联邦 STEM 教育战略计划的实施，并就联邦科学机构 STEM 教育合作工作的进展向 CoSTEM 和 OSTP 主任提供建议。

STEM 教育联邦协调小组委员会 FC-STEM 的机构间合作使各机构能够通过分享最佳实践、利用联邦合作伙伴的专业知识和资源以及协调支持共同教育目标的活动来改进 STEM 教育。FC-STEM 机构也在最大限度地发挥其在更广泛的 STEM 教育界的影响力。

(四)国家科学基金会

美国国家科学基金会(National Science Fundation，NSF)是一个独立的联邦机构，支持美国所有 50 个州和特区的科学和工程研究。NSF 由国会于 1950 年成立，旨在推动科学进步，促进国民健康、繁荣和福利，确保国防安全。国家科学基金会主要通过提供拨款来确保 STEM 教育的顺利实施，他们的投资约占联邦政府对美国学院和大学基础研究支持的 25%，资助由好奇心和发现驱动的研究，同时还支持以解决方案为导向的研究，以改善美国民众福祉。

NSF 支持美国和全球的大学和学院、企业、非营利组织、政府和其他组织之间的研究伙伴关系，投资的重点是激发新的想法和创造性的发现，以加速发现并将知识转化为社会的切实利益。NSF 投资的对象为研究人员，因为他们探索未知并寻求了解自然界的伟大奥秘。这些投资支持除医学科学以外的所有基础科学和工程领域的基础研究，以及具有创造改善人们生活的产品和解决方案的潜在研究。国家科学基金会还投资教育和培训项目，吸引来自不同社会背景的各类人才。这些投资涵盖了学前教育、研究生院及其他领域，确保了人才和思想的流动，为解决科学和工程领域的紧迫挑战做好了准备。

从 1950 年成立以来，国家科学基金会在 K-12 阶段 STEM 教育中一直扮演着重要的角色。创立之初，国家科学基金会作为一个独立的机构制定激励政策来改善全国科学领域的基础研究和教育活动。在历史的不同时期，特别是 20 世纪 60 年代到 90 年代，国家科学基金为科学和数学教师提供了重要的支持。同时也资助了很多创新研究来开发课程、教学素材、教育技术以及各种人才培养项目。基金会为 STEM 教育实验研究提供了大量资金，这些投入也包括教师专业发展项目，教师通过暑期学校来学习如何实施新课程并且将这些课程融入课堂教学。

国家科学基金会的 STEM 教育局致力于培养睿智博学的公民以及具有多元化背景且富有才华的科学家、技术人员、工程师、数学家和教育工作者。教育局的项目支持所有教育水平和各种环境中的 STEM 教育。该局通过奖学金、助学金、研究中心、联盟、网络、项目开发和机构能力建设，资助所有 STEM 学科和 STEM 项目的前沿研究和评估项目。投资旨在提高 STEM 教育机会及其他领域无障碍、融合和适应性知识的活动，确保 STEM 教育和职业机会对所有美国人，包括妇女、少数族裔、退伍军人和残疾人来说都是无障碍、包容和公平的。

四、大学与中小学：协同培养的行动主体

STEM 教师培养是一项系统工程，需要多方共同承担责任，而且教育问题千丝万缕，互相影响、互相牵制。单方面的努力不能解决复杂的教师培养现实难题。大学和中小学在 STEM 教师协同培养系统中充当行动主体的角色。不论联邦

政府或者专业协会部署的任何教师教育项目，都是指向教师职前准备或者在职教师培训，不可能脱离大学和中小学这两个人才培养基地，而且联邦政府或州政府出台的法规政策必须要通过大学和中小学转化为具体的行动策略才能发挥效力，因此 STEM 相关教育改革建议，都必须具体落实到课程设置、教学形式以及质量评估，才会对教师的培养产生效果。

美国大学是培养职前教师的主阵地，目前美国 STEM 教师培养主要有两种途径：一是大学主导的传统教师培养路径，即通过文理学院、综合大学及师范学院，获得学士学位或硕士学位，考取教师资格证。（近些年本科开设五年制课程，即一般专业结业后再学习一年师资培养课程专业的大学增多）。承担培养师资任务的文理学院和综合大学，均设教育学院或教育系，一般招收大学二年级的学生，再学习二至三年。还有一种途径是"替代性"途径，为那些没有获得教育学位的毕业生提供快速简化的专业训练，以获得教师认证所需要的知识技能。目前公立学校中，70%~80% 的 STEM 教师来自传统的高等教育机构培养的毕业生，其余的来自 130 种"替代性"认证途径。[2]

大学及中小学在职前培养过程中承担着各自的责任。招募优秀的 STEM 预备教师必须通过大学和学院的积极行动才能达到理想的效果；提高 STEM 教师职前准备的质量，也只有靠大学和学院提供的高等教育才能够实现。中小学的在职教师专业发展也要依靠学校管理层和教师学习共同体的重视，寻求与大学或学院和合作机会。同时，大学培养出来的教师必须依靠与中小学校的紧密合作，才能为预备教师们提供教学实验场所进行实地教学，才能完成理论知识到实践结合的转化。大学与中小学之间存在广泛的需要，当他们之间真正实现了合作，则能够将合力作用效果最大化，更好地发挥他们在 STEM 教师教育系统中的核心作用。

中小学和大学的合作打破了中小学与大学之间长期的隔离状态，把教师教育，甚至教育改革作为双方共同的责任，这样的共识无疑有利于合作的顺利进行，最终还会有利于教师教育质量的提高，进而改善教学质量。特别是通过"替代性"途径取得教师资格的教师，专业知识相对缺乏，教育教学知识也不足，因此中小学校的合作对于这些教师的专业成长极其重要。

五、非政府组织：协同培养的支持者

非政府组织通常是指独立于政府运作的任何组织，尽管它可能得到政府的某些资助，但其运作没有政府的监督或代表。STEM 教师协同培养参与的非政府组织包括专业协会、私人基金会、非营利组织以及工商企业等，他们为教师培养提供经费、资源与专业支持，是协同培养大系统中不可缺少的环节。

专业协会是协同培养机制中的调和剂，专业协会不像咨询机构那样专注于国家教育政策的宣传，影响决策或者改变大众思想观念，也不具备政府机构的权限去调控教师教育活动。在整个运行机制中，专业协会往往起到协调系统要素关系的作用，为维持整个系统和谐运行提供支持服务。

专业协会参与 STEM 教师教育活动的形式主要有：(1)制定一些非政府性的规则、标准，如质量规则、认证标准、职业操守等。这些规则弥补了政府规则的不足，例如美国科学促进会发布的《科学素养基准》。基准虽然不是提出一整套的标准，但是却一直影响着公众和专家学者对科学和数学教育目的的观点。(2)监督非政府规则、标准的实行。非政府规则并不具有法律效力，它的实施也不是依靠强制性手段而依靠自愿的认同来实行，主要是通过资助协商和自主认同的手段。利用集体舆论的力量来保证成员遵守非政府性规则。例如，全美教师教育认证委员会出版的《认证学校年度目录》，促进教师教育机构之间的有效竞争，有助于教师教育机构内部的自我评价。(3)推出 STEM 教师专业发展项目，确定发展目标、实施计划，倡导相关群体积极参与并努力达到目标，从而扩充了 STEM 教师的培养规模。(4)代表 STEM 教师利益的教师联盟或者科学协会，以自己专业的眼光和视角，提供关键性的改革建议，并且试图影响政策决策。比如，美国科学促进会推动的"2061 计划"，不仅对美国国家科学课程标准制定发挥了重要作用，还对 20 世纪 90 年代以来美国教育部、国家科学基金会以及若干全国性教育团体联合部署的科学教育改革计划产生了重要影响。

在 STEM 教师教育系统中，既有代表教师利益的教师协会，也有代表学科权威的科学协会，在培养 STEM 教师的过程中，这些协会、联盟通过上述这些形式的活动与政府、高校、中小学校之间形成相互依赖、相互制约、相互抗衡又相互合作的关系，对增加 STEM 教师人才储备以及提高在职教师的专业素质起到了不可小觑的促进作用。

私人基金会在 STEM 教师教育协同培养机制的作用不可或缺，任何活动的创办和实施都需要资金的支持，私人基金会是整个协同培养系统顺利运行的传输带，比如 CTEQ、卡内基基金会以及埃克森美孚基金会，资助了一系列 STEM 教师教育活动。这些私人基金会持续资助 STEM 教师教育，为充实教育资金来源，保证教育活动顺利进行发挥了巨大的作用。此外，还有许多知名企业也为 STEM 教育及 STEM 教师培养提供了经费支持或资源分享，比如微软、谷歌、丰田汽车、戴尔以及海信西门子等国际跨国公司都以各种形式为 STEM 教师培养助力。

第二节　STEM 教师协同培养的战略规划

STME 教师的协同培养战略规划并不是一蹴而就的事情，而是经历了缓慢成形的过程。从最初聚焦于紧缺学科教师的培养，倡导合作伙伴支持数学与科学教师数量扩充的发展计划到为薄弱学校在职教师提供专业发展，以提升区域性STEM 教师质量的倡议计划，再到注重全面提升 STEM 教师质量的总体性全国战略部署，STEM 教师协同培养最终形成了连贯而稳定的规划路线。

一、聚焦核心学科的 STEM 教师培养战略规划

自 20 世纪 90 年代以来美国政府就很关注 STEM 教师的培养，2002 年颁布的《不让一个孩子掉队》法案授权国家科学基金会实施数学与科学伙伴关系项目，数学与科学伙伴关系(Mathematics and Science Partnership，MSP)计划是一项倡导全国范围的各种组织机构协同努力，旨在鼓励高等教育机构、学校系统和其他合作伙伴参与计划，提高教师的内容知识和学生在数学和科学领域的表现，实施周期预定为五年。该计划针对 STEM 教师培养的主要目标在于不仅要增加数学和科学教师的数量，还要提高其培养质量，促进 STEM 教师队伍多样化，改进薄弱学校的教育质量。通过建立研究人员和教师合作网络，分享、研究和评估教育改革，包括改善教师准备和专业发展，以应对覆盖全国的大规模教育改革。

美国国家科学基金会总计为数学和科学教育伙伴关系的五年发展规划投资10 亿美元。2002 财政年度拨款 1.6 亿美元，用于支持综合奖励和有针对性的奖

励以及研究和评估。[3] MSP 计划是一项针对各州的公式补助计划，各州的奖励规模主要基于学生人数和贫困率。为了获得这些资金，各州都在竭尽全力展开一场竞争性的拨款竞赛，筹措足够经费维持伙伴关系项目的顺利运作，以提高教师在数学和科学方面的知识。

数学与科学伙伴关系是注重成果、负责任的合作，以良好的教育实践为基础，期待实现以下目标：学生将在符合地方和州标准的高学习期望的数学和科学课程中学习；伙伴关系通过招聘合格人员成为教师，为他们的教学做好准备，并提供持续的专业发展，来解决数学和科学教师队伍建设的问题；伙伴关系将推动机构内部的文化变革，以支持合作伙伴之间为实现其目标所作的持续承诺；收集有关伙伴关系工作各个方面的数据，并进行信息共享，以促进国家推行科学和数学教育改革的能力建设。

数学与科学伙伴关系极大地发挥了高等教育机构在 K-12 教育改革中的关键作用。高等院校的 STEM 学科专家参与培养下一代教师，并支持在职教师的专业发展。数学与科学教育伙伴关系的合作成果体现在如下几个方面：一是伙伴关系加深了教师对学习本质的理解研究，将数学与科学知识学习与当前的教育质量改进以及劳动力需求联系起来；二是伙伴关系注重合作机构间的相互交流并与科研机构保持密切联系；三是伙伴关系支持学校教育的可持续性变革；四是伙伴关系致力于为高质量的数学与科学教育创造条件，特别关注影响学校发展的理念、期望和社会实践。

2008 年联邦政府推出的教师质量伙伴计划（Teacher Quality Partnership，TQP）也是尝试协调各方力量培养 STEM 教师的举措，《高等教育法》第二条（Title II）授权推出的教师质量伙伴关系拨款计划是唯一一项旨在加强和改革高等教育机构为教育工作者提供职前准备的联邦倡议。[4]《高等教育法》（HEA）授权开展联邦学生资助计划和竞争性拨款，以支持高等教育的创新以及回应联邦政府的问责报告要求。TQP 拨款支持为高需求学校和高需求学科领域培养专业教师，根据这一计划，高等教育机构与高需求学校形成的合作伙伴将与地区之间竞争资金，以发展硕士层面的驻校培养计划或改革本科生职前准备计划，高等教育机构、高需求的地方教育机构、高需求的学校和其他符合条件的实体之间形成伙伴关系，他们共同努力培养一批 STEM 专业教师。

二、聚焦薄弱学校 STEM 教师培养的战略规划

联邦政府希望通过 TQP 伙伴关系的专项资助来改善 STEM 教师培养质量。TQP 补助金为高需求学校的教师提供了重要的专业发展机会，为新教师提供了有意义的入职/指导计划，并在教师培训计划中实施了循证改革，因此，参与 TQP 的学校和学区的教师质量和保留率以及学生的学习经历和学业成就都有所提高。高等教育机构通过教师培训计划加强了与 PK-12 阶段的同行以及所服务的社区的伙伴关系。

2010 年总统科技顾问委员会发布了《准备与激励：着眼于美国未来的 K-12 STEM 教育》报告，指出将优先发展 STEM 教育的构想转化为一个连贯的联邦行动计划，以支持美国 STEM 教育的全面落实。[5]该报告探讨了成功开展 STEM 教育的国家目标和战略规划，追溯了联邦政府支持 STEM 教育的历史，并确定了联邦政府在改善领导和协调方面应该采取的行动。报告阐述了 STEM 教育的国家目标：一是必须让所有学生，包括在这些领域代表性不足的女孩和少数族裔，做好熟练掌握 STEM 科目的准备；二是必须激励所有学生学习 STEM，并在这个过程中激励更多的年轻人从事 STEM 职业。报告回顾了联邦政府在 STEM 教育推行过程中所扮演的角色，指出联邦政府历来缺乏连贯的战略和足够的领导能力来开展 K-12 STEM 教育，在过去的几十年里，联邦教育部以及其他联邦机构实施了形式多样的 K-12 STEM 教育项目，但整体看来似乎并没有形成一个连贯的愿景，也没有对发展目标和实施结果进行严格监控。此外，在过去的发展历程中，只有少量联邦资金用于有可能改变 STEM 教育的激励举措，也较少关注复制、推广成功项目的经验，一些重要机构缺乏战略规划和整体协调的能力。

报告指出，K-12 STEM 教育的创新发展需要更高效的领导、连贯的战略和广泛的协调。为此，联邦政府应：（1）建立新的管理机制，大幅提高领导能力，促进教育部和国家科学基金会内部的沟通与协调。（2）在 STEM 教育合作参与机构之间建立高级别伙伴关系。（3）在国家科学技术委员会内设立 STEM 教育常设委员会，负责制定联邦 STEM 教育战略。（4）与全国州长协会共同成立一个独立的 STEM 教育总统委员会，以促进和监督改善 STEM 教育的进展。为了实现 K-12 STEM 教育的国家目标，联邦政府需要与州和地方政府以及私营部门和慈善组织

建立伙伴关系。

三、聚焦高质量STEM教育的教师培养战略规划

2015年，随着STEM卓越教学研究院发起的STEM学习生态系统的倡议，越来越多的社区加入寻找STEM教育持续发展的多样化途径，为更多学生提供校内外的优质学习机会。这股自下而上推行STEM教育的热情也激发着联邦政府采取更具体的举措丰富与发展战略伙伴关系。2018年11月，STEM教育委员会提交的《规划成功之路：美国的STEM教育战略》白皮书提出了未来五年的联邦战略，基于未来的愿景，即所有美国人都将终身获得高质量的STEM教育，而美国将成为STEM素养、创新和就业方面的全球领导者。[6]它代表着采取紧急行动的呼吁，各级政府与学习者、家庭、教育工作者、社区和雇主在全国范围内进行合作——形成STEM社区的"北极星"，共同为国家绘制一条成功的路线。

这一愿景将通过实现三个理想的目标来实现：一是通过确保每个美国人都有机会掌握基本的STEM概念，包括计算思维、数字素养，为STEM素养建立坚实的基础。二是增加STEM的多样性、公平性和包容性，并为所有美国人提供终身获得高质量STEM教育的机会，特别是那些在STEM领域和就业中曾经参与不足和代表不足的人。三是为未来的STEM劳动力做好准备，包括受过大学教育的STEM从业者和那些从事不需要本科学位的技术行业的人，通过创造真实的学习体验，鼓励学习者从事STEM职业并为之做好准备。具备STEM素养的美国人形成的多元化人才库，以便为未来的工作做好准备，这些对于维持经济关键部门的国家创新基础，以及支持科学发现和创造未来的技术至关重要。实现这些目标就需要加强现有的伙伴关系，并在教育机构、雇主及其社区之间发展新的联系。这意味着将学校、学院和大学、图书馆、博物馆和其他社区资源聚集在一起，建立STEM生态系统，拓宽和丰富每个学习者的教育和职业旅程。这也意味着让学习者参与当地社区与雇主合作开展的基于工作导向的学习经验、教学实习、学徒制和研究经验。建立战略伙伴关系还意味着在教育界探索混合正式和非正式学习的机会，并整合课程，使学生能够完成核心学术和应用技术课程，为高等教育做好准备。这一系列教育目标可以帮助留住对STEM领域感兴趣的学习者，并为公共和私营部门的雇主培养高质量的人才。

为了确保未来 5 年的 STEM 战略规划顺利实施，联邦政府对于 STEM 教师培养提出了如下优先关注的建议：优先考虑联邦政府对 STEM 教育工作者的晋升和专业发展的支持，包括在正式和非正式环境下工作的职业技术教育和职前教师培养和在职教师的专业培训。优先研究在正式和非正式环境中、大学准备课程和职业技术教育情境下如何以一种最有效方法来混合成功的学习实践。通过网络研讨会、工作坊和其他机制召集利益相关者，分享混合成功学习实践的有效方法，并为 STEM 教育工作者推广和复制最佳实践提供指导。

《规划成功之路：美国的 STEM 教育战略（2018）》发布之后，国家科学基金会也推出相关项目来提升 STEM 教师的专业素养，比如在全国范围内实施工程和科学领域（INCLUDES）项目，支持 STEM 生态系统的发展和促进教师的专业成长，该项目将学校系统、大学和企业联系在一起，以扩大 STEM 教育的参与机会。在其中一个子项目中，旧金山州立大学的计算机科学教师与旧金山联合校区合作，设计 K-12 计算机科学课程，并为教师提供专业发展。

协同参与战略规划的其他伙伴机构也对 STEM 师资培养提供了各种支持，比如史密森学会的教师科学教育学院每年夏天都会为 STEM 教育工作者提供实践的、付费的专业发展经验。在为期一周的时间里，来自正规和非正规教育机构的教育工作者们走进史密森尼博物馆和研究中心、联邦机构以及华盛顿特区的其他教育机构，参与到聚焦于某一特定主题的 STEM 体验活动中。

第三节　STEM 教师协同培养的总体目标框架

联邦政府关于 STEM 教师培养的政策建议或指导纲要都是分散在关于 STEM 教育发展的报告或白皮书中，并没有单列的 STEM 教师培养的政策文件，联邦政府更多是通过法案授权的激励性拨款来强化 STEM 教师的职前准备或是职后的专业发展。毕竟，教师培养更多的是州、学区、大学以及中小学共同努力的地方性行动，而联邦政府只需要提供政策引导与经费资助。因此，联邦政府培养 STEM 教师的目标主要是基于 STEM 教育的总体发展规划，正如《准备和激励：为美国的未来实施 K-12 年级的 STEM 教育》报告中所阐明的 STEM 教育的国家目标：一是必须让所有学生，包括在这些领域代表性不足的女孩和少数民族，做好精通

STEM 科目的准备；二是必须激励所有学生学习 STEM，并在这个过程中激励他们中间更多人从事 STEM 职业。显然，这些国家目标的实现必须依赖大批合格的师资，而全美的 STEM 教师劳动力市场实际上一直处于供应不足的状态，为此，奥巴马总统呼吁未来 10 年培养、招聘即留住 10 万名优秀的 STEM 教师。总统科技委员会则将奥巴马的这一呼吁转化为具体的政策建议，为 STEM 教师培养从职前准备、初任教师留任、表彰卓越教师到在职教师专业发展等方面确定了总的行动目标框架。

一、重点资助高质量的教师职前培养项目

2009 年 4 月，奥巴马总统在美国国家科学院的演讲中强调了 STEM 教育的重要性，他说，美国需要在未来十年里让学生"从科学和数学的中游走向上游"[7]。他还要求 STEM 社区利用对科学的热爱和知识，在新一代人中激发同样的好奇和兴奋感。在 2009 年 11 月发起的"教育创新"运动中，他谈到"加强美国作为世界科学发现和技术创新引擎的作用"，并宣布未来十年改善 STEM 教育是国家的优先发展事项。

2009 年秋天，总统要求总统科技顾问委员会（President's Council of Advisors on Science and Technology，PCAST）就政府应采取的最重要行动制定具体建议，以确保美国在未来几十年成为 STEM 教育的领导者。在 2009 年 10 月的会议上，总统科技顾问委员会会见了教育部长阿恩·邓肯，他描述了政府在教育方面的举措和未来计划。委员会还听取了管理和预算办公室、国防部、国家科学基金会、国家航空航天局、能源部和国家卫生研究院代表关于 STEM 教育的介绍。此外，来自高等教育、私营部门、州政府和非营利组织的代表对 STEM 教育提出了更多的看法。委员会的 STEM 教育小组委员会由埃里克·兰德和詹姆士·盖茨担任主席，随后于 2009 年 12 月召开了教育领域领导者和创新者的初步会议，以收集信息并帮助确定 STEM 的优先发展事项。

2010 年 1 月，总统科技顾问委员会成立了一个 STEM 教育工作组，除委员会小组成员外，还包括课程开发和实施、教师准备和专业发展、有效教学、校外活动、教育技术和学校管理方面的专家。该小组每周举行一次电话会议，并于 2010 年 4 月在华盛顿特区举行了为期两天的会议。工作组收到了来自联邦、州和地方

官员、STEM 教育专家、STEM 从业者、出版商和其他专家的宝贵意见。此外，总统科技顾问委员会与管理与预算办公室和科学技术政策研究所合作，分析 STEM 教育中的联邦项目。基于对已有的 STEM 报告以及研究文献的回顾，还有联邦政府关于教育发展的愿景以及优先事项的关注，报告向总统及政府提出了在当前联邦协调领导的背景下 STEM 教育以及 STEM 教师培养的具体目标和可操作的建议。

报告认为要美国提升 STEM 教育的质量，就需要确定国家要实现的教育目标。鉴于科学技术将在美国未来发挥关键作用，因此，STEM 教育要在如下四个关键领域满足国家需求，这也是未来 STEM 教育发展所要实现的战略目标：一是确保公民具备 STEM 能力；二是必须建立一支熟练掌握 STEM 技能的劳动力队伍；三是必须培养未来的 STEM 专家；四是必须缩小学生之间成就和参与的差距。为了实现这些目标，STEM 教育政策必须针对不同层面的个人学习状况；国家必须确保学业落后的学生达到 STEM 熟练水平。与此同时，还必须让学生深度参与 STEM 学习，并吸引所有群体的优秀学生学习 STEM 科目。

总统科技顾问委员会认为当前实现 STEM 教育战略目标的两大策略就是准备与激励，准备意味着必须让所有学生做好准备，这样无论他们从事什么职业，他们都会在 STEM 方面有一个坚实的基础。激励学生就是让所有人都有动机学习 STEM 科目，并促使许多人对进入 STEM 领域感到兴奋。准备工作包括建立共同的技能和知识，激励涉及个人的、有意义的经历，这些经历反映了学生的特殊兴趣和能力。为了让准备与激励策略切实发挥作用，就需要招聘与培训大量的优秀教师来为学生提供高质量的学习机会，激发他们对 STEM 的兴趣，进而熟练地掌握 STEM 技能。为此，联邦政府制定了 STEM 教师培养的总体目标，即在未来十年，至少为 10 万名新的 STEM 教师提供入职培训支持。委员会预计每名师范生职前培养成本至少为 8000 美元，而行政费用至少为 2000 美元，那么 10 年内每年大约需要 1 亿至 1.5 亿美元。[8]

为了促成总体目标的实现，联邦政府意欲筛选一批优质教师培养项目进行资助，这些项目具备两方面的特征：一是旨在培养在 STEM 领域拥有扎实学科内容和充分教学准备的教师，包括来自非传统背景的教师，他们有助于使 STEM 教学队伍多样化；二是确保初任教师能够有效提升学生成绩并能长期留任。为此，教育部应广泛地筛选具有上述特征的项目，并应为最佳项目提供财政支持，以达到更卓越的水平。这些项目应定期评估其在学生成绩和教师保留方面的成效，并选择适当的对照组进行比较，以便为其他项目提供经验学习如何最好地培养优秀的STEM 教师。教育部应收集数据并每年报告实现总体目标的进展情况。

联邦教育部获得联邦立法重新授权，如果资金充足，可以为 STEM 教师培养提供大量资源。在《中小学教育法案》(ESEA)的重新授权中，联邦教育部计划资助职前教师和骨干教师培养项目(每年投入 4.05 亿美元)，也可以为有效教师和教师领导项目(每年投入 25 亿美元)提供大部分必要资金。通过《美国竞争力法案》的重新授权，国家科学基金会诺伊斯奖学金项目的全额资助(第 7002 节和第7030 节为 1.405 亿美元)可以将资金用于 STEM 教师培养。[9]上述资助项目主要关注初中和高中教师培养，然而小学阶段培养优秀的 STEM 教师也很重要。总统科技委员会敦促教育部制订一项计划，选择相对成熟的方法进行大规模培养，以提高小学教师的专业知识，切实发挥学科专家、指导教师、骨干教师的引领示范作用。

2015 年 3 月，奥巴马总统在第五届白宫科学展览会的讲话中，阐明了 STEM教育的优先发展目标：在十年内，美国学生必须"在科学和数学领域从中等水平上升到最高水平"。奥巴马政府一直在努力实现区域公平的目标，公平分配高质量的 STEM 学习机会和有才华的教师，以确保所有学生都有机会学习，并受到STEM 的启发，有机会充分发挥他们的潜力。

为了响应这一呼吁，由 13 个机构组成的 STEM 教育委员会(CoSTEM)，包括所有联邦直属科学机构和教育部，重新调整资金的用途，促进一项有聚合效应的国家战略计划，以增加联邦投资在以下五个领域的影响：(1)改善学前至 12 年级的 STEM 教学。(2)增加和维持公众和青年对 STEM 的参与。(3)改善本科生的STEM 体验。(4)更好地服务于 STEM 领域历史上代表性不足的群体。(5)为未来的 STEM 劳动力设计研究生教育。联邦政府将从综合项目中拨付 1.8 亿美元给教育部、国家科学基金会和史密森学会，用于实施五个核心改革领域的举措。[10]

此外，在 STEM 师资培养方面，联邦教育部采取了一些新的举措，包括：(1)创建 STEM 创新网络(1.5 亿美元)，促进地方学区、高等院校和其他领域的合作伙伴将通过网络培训未来 STEM 教师，支持现有 STEM 教育工作者，为学生提供有意义和有吸引力的 STEM 学习机会，以及让当前 STEM 专业人士参与教育下一代 STEM 领导者和创造者，从而改善他们社区的 STEM 教育。其中约 500 万美元将用于建立一个强大的科学、技术、工程和数学教育工作者网上社区，以促进广泛采用有效的科学、技术、工程和数学教育战略。(2)投资 STEM 教师之路(8000 万美元)计划，为了支持总统培养 10 万名有效的 STEM 教师的目标实现，这个新计划将为高质量的项目提供有竞争力的奖励，为高需求的学校招聘和培训有才能的 STEM 教育工作者。

总之，这些方案将确定和实施改善 STEM 教学和学习的有效方法，促进在全国传播和采用有效的 STEM 教学实践，促进 STEM 教育经验交流分享，优先考虑实践学习活动，以增加学生在 STEM 领域的参与、兴趣和成就。

二、双管齐下留住现任的 STEM 教师

STEM 教师管道畅通需要的不仅是在入口吸引更多优秀人才进入教师行业，还要提高教师社会地位、改善教师工作条件，确保教师留在工作岗位，具体来说，让教师留下来的两个决定性因素就是给予专业尊重和改善薪资待遇。

相对于 STEM 教师对美国未来的重要性而言，STEM 教学职业缺乏应有的专业地位和社会声望，即 STEM 教师未得到充分重视和认可。新手教师缺乏学习榜样、导师引领和支持网络，而且缺乏足够的专业成长机会，往往容易导致优秀人才流失。

离职的科学和数学教师经常以工作不满意作为离职的理由。2003—2004 学年联邦教育部的调查结果显示，已经离开教学行业的 26000 名数学和科学教师中，有 14000 名对自己的工作不满意。[11]当 STEM 教师离开教育行业去其他领域谋职时，抱怨的理由是经常遭受职业挫折，当然这种不满的背后原因是复杂的，有些 STEM 教师离开教学行业时，会坦承他们离开的具体原因，要么是缺乏有效的专业发展机会，要么就是在课堂管理方面存在问题。此外，许多 STEM 教师对学校、地区和州的管理系统反应迟钝感到沮丧。简而言之，如果国家希望吸引并留住优秀的教师，就需要把 STEM 教师，实际上是所有教师当作专业人士来对待。教师需要获得相关的专业支持，需要与处理过类似问题的同行交流，他们需要确保自己的工作得到尊重和认可。

为了帮助 STEM 教师获得专业支持与专业尊重，总统科技委员会特意推介了"美国数学"项目为优秀的数学教师提供支持和奖励的做法。"美国数学"项目由西蒙斯基金会资助，2004 年成立于纽约，致力于培养杰出 STEM 教师，之后扩展到波士顿、洛杉矶、圣地亚哥和华盛顿特区。"美国数学"采用了两种方法来提高它所服务的城市的数学教学质量。第一种方法是设立助学金计划，招募和培训熟练的数学家担任公立学校的 K-12 教师，支付他们获得数学教育硕士学位的学费，并为他们前四年教学工作提供工资补助。"美国数学"招聘新教师主要是通过走进大学校园、参加招聘会以及参与数学教师专业会议。该项目具有很强的选择性，寻找那些在大学时期成绩高于平均水平并且在数学方面有很高天赋的未来教师。2010 届学生的数学 SAT 平均成绩为 721 分，大学平均 GPA 为 3.47 分。参加教师培训奖学金计划的新教师中，90% 的人在五年之后还在继续从事这一职业，而全国类似地区的这一比例不到 50%。[12]第二种方法是为公立学校的模范数学教师授予荣誉称号和提供工资补贴。该项目为纽约市公立学校的特级教师提供奖励，为模范教师提供年度津贴、专业发展和领导机会，鼓励他们更多地参与学校、地区和专业发展。特级教师表示，该项目增强了他们对工作的重视程度，因为作为其他教师的导师和领导者，他们获得了专业认可和薪水补助。

据估计，"美国数学"每年为每位新教师学员支付 25000 美元补贴，为每位特级教师提供 15000~20000 美元的奖励。[13]这两项举措都提供针对数学教师的指导、教育和专业支持。"美国数学"旨在为教师营造团结、专业和支持的氛围。它每周为教学人员举办三次关于数学教学方法、学科内容和社会活动的研讨会，以此形成一个专业发展社区。它为新教师指派导师，并建立一个虚拟网络，新教师和专家教师通过该网络相互征求意见并分享数学教学经验。

三、筛选表彰卓越的 STEM 教师

总统科技顾问委员会认为，培养 STEM 教师优秀的最好方式就是由联邦政府支持创建一个全国性 STEM 特级教师团队，以表彰、奖励和吸引国家最优秀的 STEM 教师，并提升他们的专业地位。STEM 特级教师队伍最初应由分布在全国各地的 STEM 教师中的前 5% 组成，主要是中学和高中阶段的教师，并根据他们

激励和培养学生的工作表现进行甄选。

特级教师团队成员应该得到相当于他们薪水的 20%～25% 的工资补贴，以及一些其他资助来支持他们参加由学校和学区开展的专业活动。特级教师还应当有机会相互交流，在地区、州和国家各级的教育政策中发表意见。建立 STEM 特级教师团队需要解决各种问题（如选拔标准和过程、项目结构和管理以及资金来源），总统科技顾问委员会建议联邦政府进行为期 6 个月的快速研究，以解决实施 STEM 教师团队建设的问题，包括特级教师的甄选程序和标准以及组织和行政结构。委员会建议政府成立专门工作组来解决这些问题，并围绕以下因素设计一个试点方案。

（一）确定筛选标准

理想情况下，教师的筛选应直接基于他们职前准备成效和激励培养学生的能力表现。这将需要综合评估教师对学生产生的影响，不仅是测评教师提高学生标准化考试成绩的能力，还需要评估激发学生学习兴趣，并引导他们走得更远的长期效果。实际上，筛选标准需要包括教师知识、教学技能和学生成绩的客观和主观衡量标准。仔细设计这些标准至关重要，以确保它们不会大概率地排斥那些薄弱学校的 STEM 教师。因此，甄选过程应特别考虑在高需求学校服务的教师如何进一步证明他们作为 STEM 教师的优秀表现。此外，筛选标准应尽量代表 STEM 中的不同教育层级和学科领域，寻找独立的组织进行评价和选择，被选定的团队成员将有特定的任期，可能是五年，续约需要重新竞争。

（二）扩充团队规模

联邦政府将支持建设 STEM 特级教师团队，表彰和奖励全国前 20% 的 STEM 教师。这一比例可能会吸引和留住足够多的优秀教师。在最初的阶段，可以试点小规模项目，但要比目前存在的卓越教师名额要多一些。特级教师最初选拔比例可能是高中和初中 STEM 教师的前 5%，同时还要包括分布在全国各地的一些杰出的小学 STEM 教师，总共可能有 22000 名教师，相当于每个国会选区大约 50人，这可能是成员分配的适当方式。

(三)获得专业认可

STEM特级教师团队的成员将作为专业精英受到承认和尊重。就吸引和留住优秀教师而言,这种认可的重要性怎么强调都不为过。特级教师团队的认可还将推动学校、学区和家长增加对优秀教师的需求。此外,特级教师团队有助于形成一个全国性的教师网络,特级教师可以担任指导者、学校领导者以及与政府官员的联络人。社交网络和互动多媒体技术可以将这些特级教师连接到全国各地的课堂,促进他们相互学习,激励着团队成员朝着共同的目标前进。优秀的特级教师应该与同行建立联系,并能够分享最佳做法和材料。这样意味着教师的专业发展机会扩大,同时通过确立特级教师在学校和全国其他教师中的领导地位,使他们继续愿意担任教学工作。特级教师也将在教育政策中为自己的专业发声,并可以在学校、学区和社区中成为STEM的有效倡导者。概而言之,特级教师团队有可能对STEM教育产生强大的倍数效应。

(四)给予工资补助

除了精神表彰之外,特级教师团队成员还应该得到一笔可观的薪水补贴。补贴额度需要根据经济分析确定在吸引和招聘优秀STEM教师方面发挥重大作用所需的补充工资数。基于劳动力市场的价格考虑,每年15000美元的补充是必要和适当的。如果是这样的话,特级教师项目每年的花费可能在3.25亿美元左右。私营部门可能会提供一些相应的支持。对于高需求学校的教师来说,增加工资补贴是一种比较实用的办法,可以鼓励教师留在这些学校。最后,除了工资补助,特级教师也应该得到一些可自由支配的资源,在他们的课堂上使用。

特级教师团队意味着来自全国各地的一部分教师将建立一个界定STEM教学典范的专业精英群体。它将向所有STEM教师发出一个信号,即他们的专业身份受到尊重,并将鼓励STEM教师努力达到国家公认的卓越标准。特级教师团队作为国家教学网络的组成部分将与同行进行互动,并将他们的智慧用于改进对STEM教育至关重要的地方和国家政策。

联邦政府还应动员商界和慈善家参与,为STEM特级教师团队建设提供资金支持,因为STEM特级教师代表着值得珍惜的国家财富。如果该项目包括每个国会选区 50 名教师，每个选区每年的费用约为 75 万美元，每年的总费用约为 3.25 亿美元。项目实施周期为 5 年，很有可能项目成本将在 5 年内直线上升。此外，要在全国范围内有效实施这一计划，需要在每个国会区配备专职工作人员，负责联络沟通特级教师群体，并帮助这些教师在教育政策问题上发表意见。目前，美国国家科学基金会(NSF)管理的数学和科学教学卓越总统奖每年向 100 名教师发放 100 万美元奖励。建设一支特级建设团队的花费远不止这些，为此需要更多的资金来表彰和奖励规模更大的 STEM 特级教师团队。

四、提供有效的专业发展机会

STEM 教师是 K-12 教育系统中最重要的因素，他们对实现 STEM 教育的全国战略规划至关重要，优秀教师的培养与储备尤其重要，他们对激发学生学习 STEM 兴趣以及提供高质量的 STEM 学习机会不可或缺。《准备和激励报告》认为优秀的 STEM 教师至少具备两个特点：深厚的 STEM 内容知识，以及教授学生 STEM 的娴熟教学技能。具备这两个特点使优秀的教师不仅能够帮助学生深入理解 STEM，将其用于生活和职业生涯，还能激发学生对 STEM 领域保持长期的兴趣，终身致力于 STEM 学习或 STEM 行业。

深厚的学科内容知识意味着 STEM 教师对他们的主题理解足够深刻，他们可以从多个角度解释概念和程序，从而引导学生自己探索。优秀的 STEM 教师会密切关注所在领域不断更新的知识体系，并利用这些前沿知识丰富生动 STEM 学科教学。专业知识扎实的教师会对所教的 STEM 主题及其与现实世界和热点问题的关系有足够的了解，从而使 STEM 具有实用性与相关性。

教师需要足够的内容知识来处理来自好奇学生的问题。并反过来向学生提出具有挑战性的问题。受过 STEM 培训的优秀教师非常清楚，他们可以将问题(为什么你不能除以零，或者如何取负数的平方根?)转化为可教的时刻，而不是简单地说："因为这是一条规则。"拥有这种知识的教师可以激发学生对 STEM 的兴趣，激励他们终身学习。他们还鼓励学生质疑假设，而不是接受别人告诉他们的假设。他们培养学生提出探究性问题并找出解决这些问题的方案的能力，而不是简单地教他们回答可预测的问题。通过这种探究式的学习方式，教师使学生能够像科学家、工程师、计算机科学家和数学家那样具备探索实践和发展推理的基本能力。

优秀的 STEM 教师不仅要拥有扎实的学科内容知识，还需要熟练掌握 STEM 教学法。优秀的 STEM 教师必须能够运用一系列方法来管理课堂并阐明 STEM 主题，并且对学习者如何处理 STEM 科目有细微的理解。熟练掌握教学法的教师知道直觉产生的自然误解，并可以澄清误解，帮助学生在真正理解的基础上消除误解，而不是记住一个事实或短语。他们不仅可以指导学生进行科学探究、实验设计和理解数据，还知道如何激励和激发学生学习 STEM 主题。这种教学策略可以在教师准备、入职培训和专业发展计划中教授给参训教师，提供给他们在课堂上使用的特定教学工具和教学方法。

优秀教师所具备的这些特点是需要长期的经验积淀与持续的专业提升，因此高质量的师资队伍建设除了招聘和培养新的 STEM 教师外，现任 STEM 教师还必须不断提高知识和技能。联邦政府在支持关于有效职业发展和新型职业发展计划的研究方面发挥着重要作用。优秀的师资队伍是需要高质量的职前培养项目以及在职专业发展项目来加以支撑的，因此有必要确定真正有利于教师专业技能和学生成绩提升的项目类型加以复制与推广。高素质的专业发展和支持对于提升小学阶段的 STEM 教师专业胜任力尤其重要，小学教师往往是受过教育专业训练的全科教师，而不是 STEM 学科专业教师，他们在学科内容知识储备方面可能不够扎实，因此特别需要学校或学区提供形式多样的专业发展项目，为他们提供专业知识与专业技能磨炼的机会，使其适应课程和学生的需要，同时他们还需要得到同行持续的支持和交流，相互之间分享最佳实践。联邦教育部建议，为了使教师、学校和学区更容易负担得起专业发展费用，各协同培养机构应该整合多种资源，制定既有效又节约成本的项目，比如提供含有在线培训内容的项目就特别值得关注。

参考文献

［1］National Science Board（2010）. Science and Engineer Indicators，2010. Arlington. VA：NSB，2010：25. https：//files. eric. ed. gov/fulltext/ED514059. pdf.

［2］Jessica Yin and Lisette Partelow. An Overview of the Alternative Teacher Certiffcation Sector Outside of Higher Education. December 2020. https：//files. eric. ed. gov/fulltext/ED615834. pdf.

［3］NSF. Math and Science Partnership. https：//www. nsf. gov/news/news_summ. jsp? cntn_id= 102976.

［4］Executive Office of the President, Prepare and Inspire：K-12 Science, Technology, Engineering, and Math（STEM）Education for America's Future. September 2010. https：//obamawhitehouse. archives. gov/sites/default/files/microsites/ostp/pcast-stem-ed-final. pdf.

［5］Whitehouse. gov（2011）. Remarks by the President in State of Union Address. January 10, 2012. http：//www. whitehouse. gov/the-press-office/2011/01/25/remarks-president-state-union-address.

［6］NSTC. Charting a Course for Success Stem Education. America's Strategy for STEM Education. Dec 2018. https：//www. energy. gov/articles/charting-course-success-americs-strategy-stem-education.

［7］AACTE. Teacher Quality Partnership Grants. https：//aacte. org/federal-policy-and-legislation/teacher-quality-partnership-grants/.

［8］Heather C. Hill, Brian Rowan, Deborah L. Ball（2005）. Effects of Teachers' Mathematical Knowledge for Teaching on Student Achievement. American Educational Research Journal 42：371.

［9］National Research Council（2010）. Preparing Teachers：Building Evidence for Sound Policy. Washington, DC：NationalAcademies Press.

［9］［10］U. S. Department of Education（2009）. Fiscal Year 2010 Budget Summary, May 7, 2009. Washington, DC：U. S. Department of Education. http：//www2. ed. gov/about/overview/budget/budget10/summary/edlite-section3a. html.

［11］Ingersoll, R. M.（2002）. The Teacher Shortage：A Case of Wrong Diagnosis and Wrong Prescription. NASSP Bulletin, 86(631), 16-30.

［12］［13］PCAST（2012）. Report to the President：Engage to Excel：Producing One-million Additional College Graduates with Degrees in Science, Technology, Engineering, and Mathematics. http：//www. whitehouse. gov/sites/default/files/microsites/ostp/pcast-engage-to-excel-final_2-25-12. pdf.

第五章　STEM 教师协同培养的实施保障

协同培养是美国联邦政府谋划多年的战略布局，意欲举全国之力来打造 STEM 教师培养通道，为所有年轻人都能接受优质的 STEM 教育机会提供充分的师资准备。这也是美国政府为了促进教育公平，落实《不让一个孩子掉队》（2002年）、《每一个孩子都成功》（2016年）等法案所采取的具体行动步骤，通过确保每个孩子能够公平享有 STEM 学习机会，激发他们学习 STEM 兴趣，从而也吸引更多年轻人选择 STEM 职业，以满足国家未来社会发展所需的科技人才供应。STEM 教师的协同培养是一项系统工程，需要各参与机构汇集资源与智慧，为协同培养提供制度保障、经费投入、资源整合、学术训练以及质量监控。政策法规是确保协同培养的制度性条件，经费投入与资源整合则是协同培养的物质性前提，学术训练与质量标准是协同培养的专业技术基础。

第一节　联邦及州政府提供制度保障

美国作为一个实施教育分权的国家，联邦政府推行任何教育改革都需要借助法规政策来获取推行的权限，STEM 教育本来就是一场由联邦政府倡导的科学教育革新运动，它在各州的推行需要通过国会制定法规来彰显推行教育改革的强制性或是由联邦政府出台专项政策指导纲要，以拨款资助的方式来激励各州参与改革进程。STEM 教师的协同培养亦需要政府层面提供制度支撑，以确保各合作机构高度关注此事，并协调与整合资源以达成培养目标。

一、美国政府发布的关于 STEM 教育的政策文件

1986 年，美国国家科学委员会就发表过《本科的科学、数学和工程教育》报告，该报告因首次明确提出"科学、数学、工程和技术"教育的纲领性建议而被视为 STEM 教育的开端。1996 年，美国国家科学基金会发表了《塑造未来：透视科学、数学、工程和技术的本科教育》报告，并制定 STEM 本科教育未来发展的"行动指南"。针对美国科技教育当时面临的新形势和问题，对学校、地方政府、工商业界和基金会提出了明确的政策建议，包括大力"培养 K-12 教育系统中 STEM 教育的师资"。2006 年 1 月 31 日，美国总统布什在其国情咨文中公布一项重要计划——《美国竞争力倡议》（*American Competitiveness Initiative*，ACI），提出知识经济时代的教育目标之一是培养具有 STEM 素养的人才，并称其为全球竞争力的关键。2007 年，美国国会通过了《美国竞争法》，该法案一共包括 8 个部分，其中第六部分的标题即为"教育"，其他部分也有多项条款与教育有关。教育条款主要涉及教师教育、STEM 教育、外语教育和本科生研究生奖学金 4 个方面。2010 年，奥巴马政府颁布了《美国竞争再授权法》，将增加财政拨款支持 STEM 教育写进法案。同年，总统科技委员会发布了《准备与激励：着眼于美国未来的 K-12 阶段 STEM 教育》的报告，探讨 STEM 教育的国家目标和战略计划，指明了联邦政府在落实 STEM 教育上所应承担的责任以及未来几年将会采取的措施。

2011 年，奥巴马总统推出了旨在确保经济增长与繁荣的新版《美国创新战略》。新版《美国创新战略》指出，美国未来的经济增长和国际竞争力取决于其创新能力。"创新教育运动"指引着公共和私营部门联合，以加强科学、技术、工程和数学（STEM）教育。2013 年 5 月由美国国家科技委员会（NSTC）和美国 STEM 教育委员会（CoSTEM）发布的《联邦政府 STEM 教育五年战略计划》明确指出，"STEM 教育应作为政府的优先发展事项"。[1] 2015 年 10 月 7 日，STEM 教育更是经由奥巴马总统签署的《STEM 教育法》（*STEM Education Act of* 2015）而奠定了它在美国学校教育中的核心地位。2018 年，美国联邦政府推出 STEM 教育的五年战略计划《规划成功之路：美国的 STEM 教育战略》，提出了未来五年的联邦战略，确保所有美国人将终身获得高质量的 STEM 教育，美国将成为 STEM 素养、创新和就业方面的全球领导者。

2021 年，总统科学技术政策办公室又发布了一份《联邦政府 STEM 教育五年战略计划实施进展报告》，报告描述了联邦政府为实现《联邦政府 STEM 教育五年战略计划》的目标而进行的持续努力和实践成果，报告还汇编了 2021 财政年度对 STEM 教育进行投资的所有联邦机构的经费预算信息。此外，这份报告还需要满足美国 2010 年的 COMPETES 重新授权法案的要求，即科学和技术政策办公室（OSTP）每年向国会递交一份报告，提供联邦 STEM 教育投资组合的最新表现和联邦 STEM 教育投资清单。

二、联邦政府加强 STEM 教师培养的政策建议

正如前文所述，美国政府为推行 STEM 教育出台了一系列政策文件，从制度建设、经费投入、师资培养等方面为扩大 STEM 教育机会做好准备工作。

（一）联邦政府加强 STEM 教师培养的政策法规

2002 年颁布的《不让一个孩子掉队》法案（NCLB）要求教师具备高素质，并通过提供专项补助金来提升教师培养质量，该补助金可用于应对学校和地区面临的各种挑战，包括教师准备和教师资格认证、招聘以及专业发展，即进一步投资高质量的专业发展，增加教师的学科内容知识，以确保学生能够获得更高水准的课程。2007 年公布的《美国竞争力倡议》不仅提出要加强 K-12 数学和科学教育，还对数学与科学教师培训与招聘提出了许多建议，科学与技术政策办公室的国内政策委员会认为，提高学生学习成绩的关键是每个教室都要配备高素质的教师。教师必须掌握学科内容和教学方法，才能成为有效的教育者和指导教师，但作为 2003 年国际数学和科学趋势调查公布的一部分数据表明，在小学阶段，只有不到 8% 的学生由获得数学专业学位或科学专业学位的教师授课。这一统计数据在八年级有所改善，48% 的学生由拥有数学专业学位的教师施教，15% 的学生由拥有科学专业学位的教师教学，但仍有相当多的孩子由缺乏专业学位的教师教授数学和科学课程。[2]

为了应对这些挑战，《美国竞争力倡议》提出了一种分两步走的方法，为现有教师提供专业发展，并吸引新教师进入课堂：（1）设立先修激励项目，将资金增加到 1.22 亿美元（比 2006 财年拨款增加 9000 万美元）扩大政府目前对先修课

程/国际文凭(AP/IB)项目的承诺[3]，特别关注数学和科学。该项目针对低收入学生高度集中的地区，为教师提供激励和培训，使其成为AP/IB数学和科学课程的高素质教师，同时为低收入学生补贴AP/IB考试费用。联邦教育部将要求申请人完成大学理事会或国际文凭组织提供或认可的专业培训，为在职教师提供加薪或奖金等激励措施，使其有资格教授数学、科学和关键外语的AP/IB课程，以及增加这些科目通过AP/IB考试的学生人数。联邦政府呼吁各州和私营部门补充该项目的配套资金，以实现培训70000名新教师的五年目标，并将通过AP/IB成绩的学生人数增加到70万人。(2)开展兼职教师团项目，除了资助现有教师的职业发展机会外，《美国竞争力倡议》还提议实施兼职教师团队项目，准备充分利用公共教育系统之外的专业人士的知识技能，以满足中学的教学需求。这项投资2500万美元的计划目标是，在各州和私营部门的配合下，2015年能拥有一支由30000名成员组成的兼职教师队伍。通过该项目，联邦教育部将支持学区与公共机构或私人组织之间的合作，鼓励和培养科学、数学和工程专业人员作为兼职教师教授特定的高中数学、科学和技术课程。

2010年总统科技委员会发布的《准备与激励：着眼于美国未来的K-12 STEM教育》报告中对美国K-12阶段的STEM教师队伍建设进行了全面系统的规划。报告认为，教师的素质对学生的学习和成功至关重要。优秀的教师能激发学生全身心投入学习，克服学习过程中的障碍，激发学生追求发现创新的人生。目前美国师资培养机构面临的主要问题是：优秀的STEM教师具备哪些特征？如何才能最好地招聘和培训优秀的STEM教师？除非让最优秀的教师与决策者对话，并在影响他们生活的许多政策决策中发表意见，否则学校中的优秀教师将缺少发挥聪明才智的机会，他们中的许多人将会离开这个行业，从事更能满足他们需求的工作。

简而言之，如果国家希望吸引并留住优秀的教师，就需要把STEM教师，实际上是所有教师当作专业人士来对待。教师需要获得相关的专业支持，需要与富有教学经验的同行加强交流，他们不仅需要觉得自己的工作得到尊重和认可，还需要有机会在同龄人中担任领导者，并在自己的行业中担任领导者。

2013年，美国国家科技委员会和STEM教育委员会(CoSTEM)发布了《联邦政府STEM教育五年战略计划》白皮书，联邦教育部将通过支持学区和大学、科学机构、企业和其他社区合作伙伴之间的伙伴关系来改变教学，从而在改善Pre-

12 STEM 教学方面发挥更大的作用。委员会将额外投资 8000 万美元，支持培养 10 万名新的 STEM 教师的目标，3500 万美元用于启动 STEM 教育特级教师团试点，以及创建新的 STEM 教师网络，以便更好地将学区、州和国家 STEM 资源联系起来。[4]联邦教育部还将与 CoSTEM 所有机构合作，确保联邦科学资产用于改善 P-12 STEM 教育。

《联邦政府 STEM 教育五年战略计划》提出改进 STEM 教学的目标就是要确保到 2020 年，培养 10 万名优秀的 K-12 STEM 新教师，并为现有的 STEM 教师队伍提供专业支持。为了增加优秀的 K-12 STEM 教师的数量，CoSTEM 机构将在现有和拟议的项目中加强 STEM 教师准备、专业发展、支持和认可工作之间的协调。教师专业学习和 STEM 教师发展的持续研究对于指导这些实施和协调工作至关重要。

STEM 教师的培训和发展包括职前准备培训以及职业生涯中持续的专业发展机会，尤其是对初任教师早期的专业支持以增加其留任的可能性。为此，《联邦政府 STEM 教育五年战略计划》还对 STEM 教师的专业发展以及留任作出了工作部署，留住教师的举措包括制定学校和地区资源和专业支持的战略、推出有意义的社区倡议，以及提供 STEM 专业学习和参与 STEM 研究的丰富机会。优秀的 STEM 教师知道如何提供有效的教学，激发学生对这些科目的兴趣，让他们了解 STEM 的概念和技能，联邦政府在为 STEM 教师队伍提供专业学习和专业成长机会方面发挥着战略协调作用。

联邦教育部作为改善 K-12 STEM 教学目标的牵头机构，联合所有其他 CoSTEM 机构协同推进 STEM 教育。联邦机构将共同集中投资，为实现总统提出培养 10 万名新的优秀 STEM 教师的目标作出贡献，其行动战略包括：识别、开发、测试和支持有效的教师准备工作，鼓励教师使用循证实践，为学生提供丰富的 STEM 学习机会；增加 Pre-12 教师参与联邦支持的实习、助学金和奖学金项目以获得真实 STEM 经验。

当然仅靠牵头机构和合作机构的联邦投资不可能惠及所有 STEM 教师，也不可能确保所提供项目与各州、地区和学校的政策和实践相兼容。因此，联邦对教师教育的投资，包括职前培养和在职培训，需要重点培育经过多次检验、可复制的模式，这些模式可以依托教师培养机构在州和地区层面进行复制或推广，需要因地制宜地进行调整，并提供可扩展的基础设施。

2011 财年投资组合报告显示，约 10%（3.15 亿美元）的联邦 STEM 教育资金专门用于投资报告，其主要目标是支持职前和在职 STEM 教育工作者。联邦机构额外资助了 9.25 亿美元的投资，其中将改善 STEM 教师教育作为主要目标。[5] 在改善教师教育的投资中，78% 资金支持在职教育工作者的专业发展，其余支持职前培养项目培训新教师。国家科学基金会和教育部的大部分资金，用来资助国家科学委员会推出的数学与科学伙伴关系（MSP）项目、教师贷款减免和罗伯特·诺伊斯奖学金项目等大型项目。2018 年，STEM 教育委员会再次提交了《规划成功之路：美国的 STEM 教育战略》报告，战略规划重申了联邦政府对公平和多样性的承诺，对循证实践的承诺，以及通过与学习者、家庭、教育工作者、社区领袖和雇主等多元主体的合作，建设全国性 STEM 社区。

（二）州政府部署 STEM 教师培养的战略计划

美国的教育分权不仅表明州政府拥有主办或管理学校教育的权限，还意味着地方学区在控制或管理方面也存在较大权限，比如美国有一些州被确定为"地方学区控制为主的州"，即这些州的学区享有较大的权限管理学校教育。在马萨诸塞州等地方学区控制为主的州，地方学校董事会对课程、教学和毕业要求拥有决策权。当地方学区拥有这些权力时，那么全州实施协调统一的 STEM 教师培养举措可能很难落实。为了响应联邦政府的倡议，各州只能通过多种渠道来了解 STEM 教师协同培养所面临的各种问题，并积极与地方学区合作来解决这些问题。

马萨诸塞州科学教育中心 2008 年发布的一份报告发现，美国各州通过多种途径了解到本州在 STEM 教育即 STEM 教师培养方面存在的问题，主动加强与地方学区的合作，来推动 STEM 教育的发展，并积极采取措施来调整 STEM 教师职前培养与在职培训项目，以提高 STEM 教师的职业胜任能力，具体来说，采取了如下一些举措：重新设计教师准备计划，提供更多科学和数学内容的教学，并激励本科生、毕业生和职业中期的科学专业人员从事科学教学；根据 10 年或更长时间的全国专业发展研究结果，部署科学教师专业发展计划；使用基于州共同核心标准的教学材料和经过验证的教学系统来培养教师和教授学生；确定最佳实践和课程体系，并建立一个 STEM 学科的国家资源中心；在科学教学中使用标准材料的能力必须与专业发展相结合。各州认识到，需要为教师提供密集的支持和专业发展，同时提供基于科学标准的教学材料。他们正在一起筹建这些资源中心，希望通过在线或者通过州内的地方性学院和数学/科学中心来为教师们提供专业发展的机会。

马萨诸塞州教育发展中心于 2007 年发布的另外一份报告则介绍了其前些年采取的一系列措施来提高学生和教师在数学、科学、技术和工程方面的表现。报告列出了 6 个 STEM 管道项目、11 个地区数学和科学合作伙伴关系、几个专业发展项目以及 14 个主要的公共/私人合作伙伴关系，重点关注学生学习和教师的专业培训。

2008 年密歇根州推出的卓越教师项目（Michigan Institute for Professor Excellence Program），旨在通过专业培训来强化中学地球科学教师的内容知识和教学法，这也是改善全州地球科学教育的一个项目。与此同时，由来自卡拉马祖大急流城和杰克逊的 12 ~ 24 名教师组成的小组承诺在三年项目期间，积极参与暑期实地考察、专业发展日、在线课程、在国家公园的最高体验以及地区领导机会等多项学习活动。实地考察日与地球科学素养原则、州科学标准和地区课程相关。在学年期间，教师可以参加专业发展日，讨论他们认为最重要的主题，并参加在线地球科学和教育课程。教师还可以申请地球科学教育硕士学位的课程学习。第三年，项目安排教师去中西部的国家公园实习，比如皇家岛、睡熊沙丘或者图片岩国家湖滨公园。2014 年，当州教育委员会对项目进行评估时，许多参训教师已成为学校骨干教师，为他们所在地区的同行提供专业发展培训，或在州科学教师会议上介绍他们的工作经验。

亚拉巴马州一直关注 STEM 教师的培养，自从 2002 年以来，亚拉巴马州教育部就联合 Wix 公司推出了阿拉巴马数学、科学和技术倡议（通常被称为 AMSTI）来改善 STEM 教学和提高学生学业成就。时至今日，AMSTI 仍然坚持最初的使命，支持亚拉巴马州的教育工作者和学生通过“做中学”的方式来学习 STEM。AMSTI 致力于通过 AMSTI 附属项目为 STEM 教师提供持续的专业学习机会。通过 AMSTI 各类合作机构，教师可以获得一系列高质量的专业学习活动，以满足个性化的能力提升需求。AMSTI 有三项基本服务：专业学习、教学材料和现场支持。“全民 AMSTI”描述了 AMSTI 网站为地区领导人提供服务框架菜单的工作，以讨论如何通过 AMSTI 的三项基本服务来满足地方教育当局的需求。一旦教师完成了相关学科领域的基础培训，他们就有资格接受 AMSTI 提供的培训，参加培训的教师将获得课程学习所需的指定资源和专业支持。

2014 年 10 月马里兰州教育局宣布了一项新的 STEM 教育战略计划，并推出了一个新的网站，旨在激发全州范围内的课堂创新。该项 STEM 战略计划明确了五个重点领域：专业学习、STEM 资源、教育公平、STEM 学习经验交流，具体来说就是通过为教育工作者提供教学技能和教学工具，以及提供高质量的教学资源，改进公立学校的 STEM 教育，为学生的学业成就提升和 STEM 劳动力的持续供应奠定基础。

当各州开始将 STEM 课程升级和调整到与大学升学和职业准备相适应的水平时，他们还必须解决学校和教师实施科学教育改革的能力问题。各州现在正专注于如何为所有学生提供具备支持性和公平性的教师教育，让他们能够有机会申请简化程序的加速课程，比如替代性教师许可项目就是州政府为解决区域性教师供应不足而推出的一种辅助性途以此来缓解贫困社区 STEM 教师紧缺的状况。

三、美国政府投资于 STEM 教师培养的经费

（一）联邦政府的经费投入

2006 年随着《美国竞争力计划》颁布，布什总统就增加了 59 亿美元投资用于 STEM 教育，这 59 亿美元的 ACI 拨款包括 13 亿美元的新联邦资金和另外 46 亿美元的研发税收激励措施。具体来说，《美国竞争力倡议》意欲在未来 10 年，为支持物理科学和工程领域的主要联邦机构提供双倍资金用于创新研究。同时还要资助国家科学基金会、能源部科学办公室和商务部内的国家标准和技术研究所以及通过加强 K-12 的数学和科学教育来提高我们理解学生如何学习和应用这些知识，以培训高素质的教师，开发有效的课程材料和提高学生的学习。

2010 年总统科技委员会发布《〈准备与激励：着眼于美国未来的 K-12STEM 教育〉的报告》之后，联邦政府实施了一些计划来表彰优秀的教学，但是他们只涉及 STEM 教学力量的一小部分。总统卓越数学和科学教学计划奖为 STEM 教师提供了一次性 10000 美元的奖金，但是每年的获奖者只有大约 100 人，远远低于美国 STEM 教师的 0.1%。[6]罗伯特·诺伊斯奖学金和利奥诺尔·安纳伯格教学奖

学金每年向 950 名在高中教授数学和科学的有抱负的新教师颁发奖学金。这些项目值得称赞,并对被认可的个人产生积极影响。但这些项目覆盖范围不广,无法对整个行业产生重大影响。在 2011 财政年度的预算请求中,联邦政府提出了一项 9.5 亿美元的教师和领导创新基金,该基金将向愿意采取大胆措施提高高需求学校教育工作人员效率的州和地方教育机构提供有竞争力的奖励,具体做法是创造必要的条件,确定、奖励、留住这些学校中有效的教师、校长和学校领导团队,并使学校能够建立强大的教学团队。

2013 年 5 月,美国国家科技委员会和 STEM 教育委员会发布《联邦政府 STEM 教育五年战略计划》,决定在 2012 年的 STEM 教育预算的基础上追加 6% 的投资,并且将分布在 14 个 CoSTEM 机构的 226 个 STEM 教育项目减少到 110 个。[7] 226 个项目中有 78 个项目被取消,还有 38 个项目则合并重组到其余的 110 个项目中,这样的项目精简手段帮助美国政府节约了近 1.76 亿美元,占 STEM 教育 2012 总财年预算的 15%。总体来说,该战略计划制定了雄心勃勃的国家目标,确定了未来将要重点关注投资的 5 个 STEM 教育领域,并且明确了用于管理的 2 种新协调模式。

《联邦政府 STEM 教育五年战略计划》确定了联邦将优先投资的 5 个 STEM 教育重点领域:(1)提升 STEM 教育质量。计划到 2020 年培养 10 万名优秀的中小学 STEM 教师,以补充现有的 STEM 教师力量。(2)鼓励青年人和公众参与 STEM 项目,使高中毕业前每年都有机会进行实际 STEM 体验的学生人数增加 50%。(3)提高本科生学习 STEM 专业的比例。未来 10 年增加 100 万 STEM 领域的本科毕业生。(4)为弱势群体在 STEM 领域提供更好的服务,在接下来的 10 年,增加少数族裔中 STEM 学生和毕业生的数量,提高妇女参与 STEM 活动的积极性。(5)为未来的 STEM 人才设计好研究生教育课程,为 STEM 专业研究生提供基础和应用研究所需的专业知识,进入国家机构、CoSTEM 机构所需要的专业技能,以及任何职业都需要的辅助技能。此外,联邦教育部将额外投资 8000 万美元以达成培养 10 万名优秀 STEM 教师的目标,投资 3500 万美元成立一个 STEM 特级教师团体(STEM Master Teacher Corps),并建立新的 STEM 创新网络(STEM Innovation Networks)以更好地让各学区都能享受到各级 STEM 资源。

2018 年 12 月,国家科学技术委员委托 STEM 教育委员会(CoSTEM)发布了

《规划成功之路：美国 STEM 教育战略》规划，这是一项为期五年的 STEM 教育策略规划，为了确保该项战略规划的顺利实施，联邦政府持续投入了数以百亿美元经费来资助各类政府机构来推广 STEM 教育。2021 年，STEM 教育委员会发布的《联邦政府 STEM 教育五年战略计划进展报告》详细列出了 2020 年至 2022 年期间联邦政府投资于 STEM 教育及 STEM 师资培训的所有费用清单。详见表 5-1。

表 5-1 　　　　　　　STEM 教育投资总体情况　　　　（单位：百万美元）

受助机构	2020 年财政投入	2021 年财政投入	2022 年财政投入
国家和社区服务公司	89.2	89.2	89.2
农业部	127.7	163.8	177.3
商业部	39.7	47.2	60.4
国防部	226.6	244.2	173.0
教育部	423.8	442.1	641.1
能源部	156.7	193.9	274.6
卫生与公共服务部	789.5	822.2	861.4
国土安全部	6	7.8	8.7
劳工部	40.4	76.5	60
内务部	0.5	0.9	1.0
交通部	142.8	146.1	142.8
退伍军人事务部	44.9	178.7	120
环境保护局	6.1	6.2	6.2
国家宇航局	151.6	157.5	187.5
国家科学基金会	1250.4	1310.8	1418.6
核能管理委员会	2.5	5.7	0
史密斯学会	5.2	5.7	6.1
总计	3503.6	3911.2	4227.9

数据来源：Office of Science and Technology Policy. Progress Report on the Implementation of Federal STEM Education Strategic Plan. https：//www. whitehouse. gov/wp-content/uploads/2022/01/2021-CoSTEM-Progress-Report-OSTP. pdf. December 2021.

(二)其他联邦教育机构提供的资助

美国国家科学基金会是一个独立的联邦机构,深度参与各类 STEM 教育项目以及 STEM 教师项目。通过国会颁布的法案授权获得大量拨款。国家科学基金会(U. S. National Science Foundation)提供数百个资助机会,包括拨款、合作协议和奖学金,用于支持科学和工程领域的研究和教育。

2022 年联合拨款法案(公共法第 117—103 条)为国家科学基金会提供了 88 亿美元,比 2021 财年拨款增加了 3.512 亿美元,增幅为 4.1%。[8]它为研究和相关活动(RRA)账户提供了 72 亿美元,其中用于 STEM 领域的研究经费高达 62.23 亿美元;为教育和人力资源(EHR)账户提供了 10 亿美元;为主要研究设备和设施建设(MREFC)账户提供了 2.49 亿美元;为机构运营和奖励管理(AOAM)账户提供了 4 亿美元;为国家科学委员会(NSB)账户提供了 460 万美元;为监察长办公室(OIG)账户提供了 1900 万美元。

NSF 的投资策略是多方面的:对基础研究和转化研究都给予支持,这样可以促进两者共同产生稳定的新知识流动,以及对 STEM 教育和不同层次劳动力培养的支持,这也是美国在全球科技研究领域保持领先地位的核心支柱。

2022 年国家科学基金会获得财政拨款 88 亿美元,如表 5-2(由美国国家科学基金会资助的机构)所示,79%对研究和教育项目的支持(68.26 亿美元)提供给了学院、大学和学术联盟。具体来说,资助了 1800 所学院、大学和其他机构的科学、工程与技术研究,设立了 11000 个竞争性奖项,为 352000 名研究人员、博士后研究员、实习生、教师和学生提供了资助。私营企业,包括小型企业和非营利组织,占 12%(10.56 亿美元),对联邦资助的研究和发展中心的支持占 4%(3.15 亿美元)。[9]其他受助者(联邦、州和地方政府,以及国际组织)占研究和教育项目支持金额的 5%(4.19 亿美元)。

表 5-2 **NSF 资助不同机构金额及比例**

资助机构	金额(百万美元)	百分比%
大学与学术联盟	6826	79

续表

资助机构	金额(百万美元)	百分比%
私人行业(非营利组织)	1056	12
联邦研发机构	315	4
其他组织	419	5

数据来源：NSF. Agency Financial Report. https：//www. nsf. gov/publications/pub_summ. isp? Ods _key=nsf23002.

国家科学基金会通过设立研究奖为 STEM 教育提供持续资金。美国国家科学基金会对研究生研究奖学金项目(GRFP)的支持是其 STEM 劳动力组合计划的一个重要组成部分。自 1952 年以来，美国国家科学基金会已经资助了大约 66000 名研究生、研究员，其中许多人后来成为他们所在领域的领导者，并在 STEM 研究中取得了开创性的重要发现。美国国家科学基金会还资助了 258 名获得诺贝尔奖的学者的研究，以及 44 名获得了图灵奖，通常被称为"诺贝尔计算机奖"的学者研究。

STEM 学习机会是国家科学基金会的重点关注问题，自 2010 年以来就推出全国 STEM 教育分布式学习项目(NSDL)，以支持各级 STEM 教育的全国学习环境和资源网络。该项目为本科生、研究生和 K-12 教育工作者提供教育机会。项目网站的简介中列出了四个发展轨道，这些轨道区分了大额拨款提案和使用小额拨款支持的技术密集型项目之间的资金使用。国家科学基金会还为丰富学生参与 STEM 机会提供新的途径，2022 年推出面向学生和教师的创新技术体验(ITEST)计划，该计划支持研究和开发创新模型，让 K-12 学生参与真实的体验，培养他们参与未来 STEM 和信息通信技术(ICT)劳动力的能力培养。该计划包含许多课后活动和暑期项目。ITEST 专注于以下事项：(1)提高学生对 STEM 和同源职业的认识。(2)激励学生追求 STEM 和同源职业的适当教育途径。(3)为学生提供丰富的技术经验，培养进入 STEM 劳动力部门所需的基于学科的知识和实践以及非认知技能(例如批判性思维和沟通技能)。成功的 ITEST 项目将参与基本技能训练或基于模型的设计应用研究，旨在了解改善 K-12 学生 STEM 学习途径和以 STEM 为重点的职业准备和指导的条件和环境。

(三) 州级教育机构为 STEM 教师培养提供经费

美国各州十分重视 STEM 教育的发展，开展 STEM 教育以及培养 STEM 师资的主要经费来源依赖于学区教育委员会提供的拨款或补助。比如威斯康星州的 STEM 教育拨款来自麦迪逊公立学校补助金基金会、阿普尔顿教育基金会等 15 个学区教育基金会提供的经费拨款。

据《教育周刊》报道，公立学校的资金来自地方、州和联邦各级的各种来源。学校大约 48% 的预算来自州财政资源，包括所得税、销售税和学费。另有 44% 的拨款来自地方政府，主要通过该地区居民的房产税。公共教育预算的最后 8% 来自联邦政府，重点是为有需要的学生提供特定项目和服务的拨款。[10] 州基金通常支持教学人员的工资、学校运营和州特定的优先事项，而联邦计划则针对不同类型的学生、学校和社区进行专项资助，这些计划有助于解决弱势群体的教育需求和不平等问题，因为这些问题往往无法由州或地方司法机构解决。尽管一些联邦计划确实允许招聘学校人员，但大多数教师人事决定都在州和/或地方政府的管辖范围内。

在美国，教育主要是州和地方的责任，建立学校和学院、制定课程以及确定入学和毕业要求的是州和学区以及各种公共和私人组织。美国的教育财政结构反映了这种州和地方的主导作用。2012—2013 学年，全国各级教育支出约 1.15 万亿美元，其中绝大多数将来自州、地方和私人来源，这在小学和中学表现得特别明显，大约 92% 的资金将来自州和地方税收。[11] 每个州对于如何为学校筹集和分配资金都有自己的方案。在大多数州，地方财产税占资金的大部分。科罗拉多州在其网站上报告说，由于近年来科罗拉多州财产税收入下降，该州不得不通过增加州政府拨款来弥补部分差额。不幸的是，最近的经济衰退也导致了州预算的减少，这使得许多州和学区没有足够的资金来分配。

美国教育系统严重依赖州和地方资源来资助公立学校。在教育法律中心 (ElC) 指出"根据各自的宪法，各州有法律义务支持和维护所有居民儿童的免费公立学校系统"。这意味着，州是美国政府的一个部门，在法律上负责运营国家的公立学校系统，包括提供资金来支持和维护这些系统。布拉德布里 (Bradbury) (2021) 解释说，州宪法将"充分"（"健全""基本"）和"公平"的公共教育的责任分配给州政府。大多数州政府将管理和(部分)资助 K-12 公立学校教育的责任委托给地方政府,但法院要求各州继续承担责任。

各州通过资助学校来履行这一责任,依据州立法机构制定的全州范围的方法或公式。这些学校资助公式或学校财务系统决定了学区可以从地方财产税和其他税收中获取收入,以及州政府从州税收中贡献的资金比例或援助金额。在年度或半年一次的州预算中,立法机构还将决定各地区将获得一定数量的资金来运营辖区内公立学校。

在全国范围内,2017—2018 年,地方和州的资金来源分别占总收入的45.3%和46.8%;只有7.8%来自联邦政府(见图5-1)。实际上,这些平均值掩盖了各州之间每个来源分配的收入份额的巨大差异。地方学区经费占比存在较大差异,例如,从佛蒙特州地方经费占公立学校总收入的3.7%到新墨西哥州的18.2%不等,再到新罕布什尔州的63.4%高,不同地方学区财政贡献差距悬殊。州收入占比也是面临同样情形,对教育预算贡献最小的州是新罕布什尔州,为31.3%,佛蒙特州贡献的份额最大(89.9%)。[12]联邦基金所代表的份额也存在相当大的差异,从新泽西州的4.1%到阿拉斯加的15.9%。

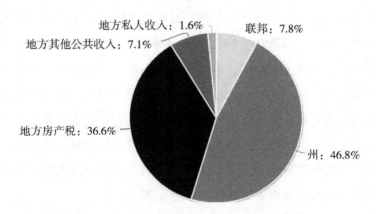

图 5-1 公立中小学的资金来源比例:2017—2018 年

数据来源:Sylvia Allegretto(2022). Public Education Funding in the U. S. Needs an Overhaul. https://www.epi.org/publication/public-education-funding-in-the-us-needs-an-overhaul/.

《教育周刊》指出资源分配要体现充足性和公平性原则。换言之,各州有责任确保学校有足够的资金运营，学校有责任确保每个学生都能接受高质量的教育。在大多数情况下，资金是按学生人数分配的，从犹他州的每位学生 3000 多美元到纽约的每位学生 11000 多美元不等。各州也可以根据具体项目分配资金，在某些情况下，将联邦资金用于在联邦层面实施的项目。

第二节　非政府组织及产业界提供资源保障

STEM 教师的协同培养除了政府机构提供的制度保障与经费投入之外，还需要其他合作伙伴，比如一些非政府组织提供教育资源整合，为新教师的职前培养以及在职教师的专业培训提供学习资源与交流平台。这些非政府组织包括专业组织或专业联盟、私人基金会以及产业界，他们共同携手为 STEM 职前及职后培养提供物质或经费上的支持。

一、史密斯协会为 STEM 教师培养提供教育资源

史密斯协会是一家由美国国会于 1846 年批准成立的一个半官方性质的博物馆和科研协会组织。旗下拥有 14 座高水平的博物馆，1 座动物园，1 个艺术表演中心和 1 个学术中心，此外还掌管了很多科研机构、天文台和科学实验室。它的展品总数多达 1.4 亿件，主要涉及自然史、生物学、矿物学、地理学、航空航天、历史学、文化艺术、国际政治等多个学科领域。

在保护和展示国家宝藏的同时，博物馆和动物园也支持教育培训与科学研究。史密斯协会提供许多资源，为学校教师、家长、学生以及博物馆、研究中心和动物园的教育工作者提供支持。史密斯协会的核心使命就是通过教育促进知识的增加和传播，为学生的非正式教育以及教师的课程计划和专业发展提供学习资源。丰富的资源和数字工具支持基于探究的学习和积极参与，以激发创造力和好奇心。史密斯学习实验室帮助学习者创建个人收藏和个性化的教育体验。史密斯科学教育中心的数字游戏中心为年轻的 STEM 学习者提供有趣的体验。史密斯的历史探索中心提供数百种免费的创新资源，用于了解美国历史。

史密斯科学教育中心(SSEC)为有志于改变科学和 STEM 教育的教育工作者、管理人员和其他利益相关者提供机会。除了课程和数字媒体资源外，SSEC 还提

供专业发展，支持教育工作者在课堂上实施真实的 STEM 体验。专业发展资源以数字媒介和面对面方式提供，涵盖从深入研究学生理解 STEM 到增加教育工作者的科学内容知识的各种主题。

自 2005 年以来，史密斯科学教育中心（SSEC）成立了暑期学院，即史密斯科学教育教师学院（SSEATs）。SSEAT 学院为教师提供了在大华盛顿特区史密斯博物馆和其他世界级研究机构参加为期一周的专业发展课程的机会，有助于弥合 SSEC 的正规科学教育计划与整个史密斯存在的非正式科学教育之间的差距，并将科学教育培训与各自领域行业专家、科学家和研究人员提供的内容相结合。

SSEAT 的培训主题包括生物多样性、能源的创新和影响、地球的历史和全球变化、空间科学。SSEAT 学院在一周内吸引 20~30 名 K-12 年级的教师，参训者会参与精心挑选的科学体验，与学科内容和教学培训中涉及的概念直接相关，并由来自包括史密斯在内的各种组织机构的科学家、策展人和教育工作者指导。教师学院的目标设计与史密斯协会的目标和科学战略计划保持一致，史密斯协会积极支持教师学院采取的这些举措，认为这是对其教育外展工作的补充，即增加协会员工参与教师专业发展的机会。

史密斯协会将世界著名的 NASA 科学插画家莎莉·本苏森（Sally Bensusen）等尊贵嘉宾参加学习使用的各种资源直接转化为课堂的实践活动。此外，史密斯科学全球目标课程可以参观最先进的设施，如哈佛学院天文台，或参观史密森尼博物馆的幕后花絮。继续和专业教育办公室则提供个人和职业发展的机会，以及定制的培训解决方案，后勤支持以及谈判和调解方面的技能培训。

二、100Kin10 为 STEM 教师培养提供专业支持网络

100Kin10 是一个全国性的 STEM 教师培养联盟，亦是一家专注于改善美国 STEM 教育的非营利组织，致力于解决国家最关切的问题，为青少年提供高质量的 STEM 教育。100Kin10 于 2011 年成立，旨在整合美国社会力量响应奥巴马总统提出的在 2020 年之前培养 10 万名 STEM 教师的这一紧急呼吁，并尽快促成各种非政府组织机构之间的合作伙伴关系形成。

正如 100Kin10 的倡导组织所言，协同培养的合作伙伴使得缓解 STEM 教师

短缺现象的宏伟目标成为可能。300 多位合作伙伴中的每一个，包括全国顶级学术机构、非营利组织、基金会、公司和政府机构等都作出了 500 多项承诺，以实现培养 10 万名优秀 STEM 教师的目标，并解决为什么很难吸引和留住优秀的 STEM 教师的根本问题。

100Kin10 的成功源于其动员、协调、关注 300 多个重要组织努力协作和扩大 STEM 教育领域的能力，这些合作伙伴共同催化了学校、教师、学生和家庭的变革，达到了他们无法单独实现的水平。截至 2020 年年底，已有 108656 名 STEM 教师接受了职前培训，支持了约 250 万名 STEM 教师的专业发展活动，代表来自全国 50 个州和不同部门的 345 个合作伙伴组织为实现 100Kin10 目标作出了 567 项承诺。[13]

100Kin10 创造了一种独一无二的合作方法，它不仅仅是发挥一个联盟的作用，而是借助网络组织为 STEM 教师培养面临的难题提供解决方案。100Kin10 形成了多元化和稳固的合作机制，并作出如下坚定的承诺：一是通过各类组织机构之间的合作、学习和资助 STEM 教师培养项目，扩大其协调能力和影响；二是通过网络交流及资源整合来寻求大多数问题的解决方案，并催化了系统性变革以应对为所有学生提供高质量 STEM 学习的挑战。

100Kin10 采用了多种关键策略来推动协同培养行动，它建立了一个具有共同目标的合作网络，将注意力集中在引发变革的关键挑战，扩大成功干预的举措和创新领域，并鼓励其合作伙伴采用创新的解决方案。然后，为了确保其雄心勃勃的项目目标实现，100Kin10 的四个合作基金筹集了超过 1.2 亿美元的资金。100Kin10 促成了"十年的显著变革"，并形成了"一个更紧密、更专注、更有准备的行动者社区，共同深化对 STEM 教育领域、STEM 教育工作者和 K-12 学生的影响"。

在 100Kin10 最新的合作伙伴调查中，88% 的合作伙伴认为在 100Kin10 的支持下，他们对 STEM 教师、学生和学校的影响力在逐步扩大。由教育伙伴领头羊（Bellweather）组成的三方评估小组对网络合作伙伴的深入走访，以及对全国各地教师和学生的访谈，还有对项目文件和数据的细致审查，证实了 100Kin10 在过去十年里对 STEM 教师培养产生了广泛影响。具体而言，100Kin10 对其合作伙伴的支持促成了 STEM 教师教育的五个关键变化：一是 100Kin10 职前准备项目使用改进的策略来招募高素质的 STEM 教师候选人；二是更多 STEM 教师候选人可以通过 100Kin10 合作伙伴获得循证 STEM 准备；三是 100Kin10 合作伙伴项目越来越重视培养和支持具有 STEM 技能的小学教师，尤其是基础数学；四是通过 100Kin10 合作伙伴，更多教师可以获得高质量的 STEM 专业成长和协作工作环境；五是通过 100Kin10 合作伙伴，更多的教师和学生能够获得有意义、真实和严谨的 STEM 学习体验。

三、私人基金会为 STEM 教师培养提供经费资助

K-12 阶段的 STEM 教育以及教师培养主要依赖于州政府以及地方学区的税收支持，联邦政府为了推进 STEM 教育，也会提供相应的拨款来资助 STEM 学习项目或者 STEM 教师培养项目。一些非政府组织，比如慈善基金与教育基金会，也会为 STEM 教育推广与 STEM 教师培养提供经费。

多丽丝·杜克慈善基金会（DDCF）和白宫科技政策办公室（OSTP）、美国科学促进会（AAAS）宣布成立 STEM 机会联盟（SOA）（Service-Oriented Architecture），这是由白宫牵头形成的一个公私合作伙伴关系，旨在扩大科学、技术、工程、数学和医学教育的机会和公平性。在 DDCF 和 AAAS 的领导下，该联盟将包括不同部门的 90 多个机构合作伙伴，这些合作伙伴总计已投入 12 亿美元来推动 5 个州STEM 公平和卓越的支柱行动举措。[14] 2002 年 12 月，杜克基金会承诺将投入 400多万美元来启动 SOA 项目，获得 SOA 支持的初始项目包括卫生与公众服务部内的卫生研究院，该研究院将获得高达 1800 万美元的补充资金，用于支持那些承诺提供卓越培训和指导的主要研究人员，尤其是来自历史上被排除在相关健康科学群体之外的个人。

安进基金会也承诺投入 4300 万美元支持哈佛大学的 LabXchange，这是一个全球科学课堂，让所有好奇的人，特别是那些来自代表性不足的群体的人，都能获得高质量的科学教育，并为学习者和教育者提供免费绘制 STEM 有意义路径的工具。基金会还支持美国物理研究所，该研究所意欲与合作伙伴开展"团队合作"计划，到 2030 年，每年帮助非裔美国学生获得物理学和天文学学士学位的人数翻一番。

与此同时，一些慈善基金或教育基金也会针对某些专门项目提供补助。比如

AIAA 基金会资助 STEM 课堂项目，"友邦保险基础教室"，AIAA 基金会认为，激励和推动航空航天事业未来发展的最重要举措是资助那些经济困难的学生满足其教育需求。AIAA 每年都会为那些对学生学习产生重大影响的有价值的项目提供人均 500 美元的资助。麦卡泰·德雷斯曼教育基金会（McCarthey Dressman）推出的教师发展补助金计划，每年资助 10000 美元，资助期限为 3 年（总计 30000 美元），基金会支持小型教师团队形成和实施开创性的 K-12 课堂教学。这些捐助为教师提供了 STEM 学科整合中采用批判性探究新策略的机会，并了解它们对学生产生的影响，教师会反思和记录他们参与项目的经验，并与其他教师分享他们的成果。

此外，还有一些教育协会也会为教师专业发展提供资助，比如美国化学学会启动的高中化学教师资助项目（ACS-Hach），资助金额为人均 1500 美元，该项目为那些具有创新思维的化学教师提供了将他们的想法付诸行动的机会。ACS-Hach 高中化学助学金的设立是为了促进学生展开充满活力和引人入胜的科学探索，它为那些希望加强课堂学习并激发学生对化学产生兴趣的高中教师提供资助，该项资金可用于购买实验室设备、学习用品和教学材料，也可用于支付专业发展机会、实地研究和科学推广活动的费用。全国科学教师协会（NSTA）提供的一项拨款，Delta Education/Frey-Neo 科学教育奖，以表彰探究式科学教学的卓越教师，资助金额为人均 3000 美元，旨在表彰教师在实施基于探究的科学教育方法以激发学生的兴趣和探索方面所作出的努力，资助包括参加 NSTA 全国会议的 1500 美元的旅行费用，以及在课堂上教学创新使用的 1500 美元。全国数学教师委员会（NTCM）设立的小学数学领域的新兴教师领袖激励项目，资助金额为 6000 美元，为学前班至 5 年级的数学教师提供补助金，帮助他们改善教学方法并将创新的想法应用于课堂。申请人必须得到校长的支持，并且是 NCTM 的成员。资金可用于专业发展，包括参与大学课程学习以及参加全国会议相关的费用和物质资源。美国航空航天和宇航员研究所致力于推广 STEM 教育，并向希望将 STEM 教学新方法融入课堂的 K-12 教师提供人均 500 美元的资助。该资金可用于购买实验室设备、数学和科学软件、机器人用品和其他将增加课程深度和维度的物品。

四、产业界为 STEM 教师协同培养提供资源共享平台

联邦政府和州政府也极力促成高科技企业为改进 STEM 课堂教学以及 STEM 教师专业发展提供捐助或贡献资源，比如第一能源教育（First Energy）资助的 STEM 课堂补助金项目，申请人可以获得 1000 美元资助，用于鼓励 STEM 学科的原创产品、创造性和创新性的课堂项目以及教师的专业发展，希望更多具有创新意识和专业特长的教育工作者申请该项目，为 STEM 课程注入持续创新的活力。此外，还有知名汽车制造商丰田公司与美国国家科学教师协会合作设立的科学教师挂毯项目，捐助金额为 10000 美元，资助 K-12 教师参与环境科学、物理科学以及整合素养和科学的创新、基于社区的科学项目。这些资助旨在帮助教师提高科学教育的质量，激发学生参与的兴趣。

陶氏化学公司与美国化学学会联合成立了美国化学教师协会（AACT），这是第一个致力于提供资源，培养日常生活中的顶尖化学教学的平台。陶氏化学公司和美国化学联合会合作召开了一系列教师峰会，并创建 750 多个课程计划、多媒体资源、演示以及高质量的化学教材，供 K-12 教室使用。芝麻街背后的非营利机构 CA Technologies 和芝麻工作室合作开发了一个在线 STEM 中心，提供教育资源，帮助学龄前儿童、教育工作者、家长和护理人员以有趣和吸引人的方式探索 STEM 概念。2013 年于网站推出"小发现者：科学、数学和更多的大乐趣"项目。

英特尔作为创新计算机技术的领导者，已经践行了他们对 STEM 的承诺，也是一家完全以 STEM 为中心的科技公司典范。英特尔对 STEM 教育推广所作的贡献就是帮助 STEM 教师丰富他们的课程，并激励学生成为科技行业的未来领导者。通过指导课程设计和交互式多媒体资源运用，英特尔使教师能够创建有趣和令人兴奋的课程，与学生开展有效互动，同时将 STEM 最前沿知识带到课堂。

"英特尔创新技能项目"（Skills for Innovation，SFI）旨在使决策者和教育工作者能够采用技术创造创新的学习体验，让学生积极参与虚拟、线下或混合的所有学习环境中的 STEM 学习。该项目通过激励教师和学习者通过技术支持、技能运用充分发挥个体的创造潜力，在促进教师提升教学技能的同时，也在帮助学生提高学业成就，并使其为适应一个不断变化、技术主导的世界做好准备。

英特尔的 SFI 项目还提供专业开发套件（英特尔®SFI PD），使教育工作者能

够发挥学习体验领导者和未来技能培养促进者的作用。专业发展套件包括 80 小时的电子学习和面对面研讨会，培训教育工作者具备在虚拟和物理教学环境中适应技术所需的技能，知道如何创造融入技术的学习体验，培养为未来做好准备的技能，及时了解影响学生未来的趋势，并为他们配备工具，在任何地方的学习场景中最大限度地提高学生的学习成果。

第三节　大学与中小学提供学术支持

STEM 教师协同培养最核心的部分就是教师专业素养的形成，即包括候选人的学科内容知识学习与临床教学经验获取，以及在职教师的专业发展机会，都需要大学与中小学为之提供学术训练的场所。大学与中小学也是 STEM 教师协同培养机制中最重要的行动主体，双方携手合作为新教师从职场小白成长为技能娴熟的资深教师提供智力支持。

一、大学为 STEM 教师培养提供学科训练

美国高等教育系统由使命不同的学术机构组成：公共、私人非营利组织或私人营利性组织，这种机构多样性通常被认为是美国高等教育体系的优势，使其能够为一系列学生提供服务并满足许多社会目标。在 2019—2020 学年，美国大约有 4150 所高等教育学位授予机构，其中约 41% 是公立院校，41% 是私立非营利组织，17% 是私立营利性机构。公共机构授予了超过 2/3 的学位和 70% 的 S&E 学位。[15] 在 2019—2020 学年，美国授予了 429298 个 STEM 学士学位。此外，同年还授予 142775 个 STEM 领域的硕士学位。

（一）提供 STEM 学科训练的高等教育机构类型

美国高等教育系统由不同的学术机构组成，这些机构在不同的学位层次和领域培训 STEM 专业的学生。该系统包括授予博士学位的研究型大学、普通本科院校、少数民族服务机构、社区学院和许多其他类型的机构。2019 年，研究型大学授予了整个高等教育系统 3/4 的博士学位，超过一半的硕士学位，以及近 45% 的学士学位。这些学术机构也是众多科学研究中心的所在地，科技研究和博士教

育的融合是美国高等教育系统的一个关键特征。

1. 研究型大学

美国高等教育机构可以分为公立、非营利性私立和营利性私立三类。这种卡内基高等院校分类法被广泛用于描述学术机构的差异。卡内基分类的 131 所研究型大学在美国产出 S & E 学位方面发挥着关键作用，并且在整个学术研究和发展(R & D)中占有重要的份额(约 3/4)。

2. 少数民族高等教育机构

美国服务于少数民族的高等教育机构(Minority Serving Institutions，MSI)有700 多个，分为 7 种类型。MSI 可以通过立法(或历史办学传统)或少数民族学生入学率和学生群体的其他特征来界定。黑人学院(Historically Black Colleges and Universities，HBCU)和部落学院或大学是历史上延续下来的办学传统，相比之下，西班牙裔高等教育机构(Hispanic Higher Education，HHE)则是由入学比例来定义 MSIs 的一个例子。

少数民族学院招收的少数民族本科生占了相当大的比例。从哈佛商学院获得S & E 学士学位的黑人人数基本保持不变，这可能反映了这些机构的人才培养能力。总的来说，在所有的机构中，黑人获得的 S & E 学士学位的数量正在增加。2018 年，S & E 领域占黑人在 HBCU 获得的学士学位的 32%，占黑人在所有机构获得的学士学位的 30%。[16]

从高等教育机构获得 S & E 学士学位的西班牙裔人数有所增加。这反映了越来越多的西班牙裔在高等教育机构和其他类型的机构获得 S & E 学士学位。2018年，西班牙裔在高等教育机构获得的学士学位中，S & E 领域占 34%，在所有机构中，西班牙裔获得的学士学位中，S & E 领域占 36%。[17]培养少数民族学生从事科技领域的博士水平研究方面，少数民族学院也发挥着重要作用，一些少数民族学院还自行颁发博士学位。相当一部分黑人和西班牙裔的 S & E 博士学位获得者从 MSI 获得学士学位。2015 年至 2019 年，约有 25% 的黑人科学与技术博士获得了 HBCU 的学士学位。同样，从 2015 年到 2019 年，大约 38% 的西班牙裔 S & E 博士生获得了 HHE 的学士学位。[18]几十年来，黑人和西班牙裔 S & E 博士生的学士学位来源分别是 HBCU 和 HHEs 的百分比一直相对稳定。

3. 社区学院(也称公立二年制学院或副学院)

社区学院在提供广泛的高等教育机会方面发挥着关键作用。社区学院为学生准备好毕业证书或副学士学位进入职场，或过渡到 4 年制大学(通常没有获得副学士学位)。许多学生在追求教育和职业目标时不是选择线性发展道路，而是在教育机构和雇主之间保持多向流动，甚至一些学生返回社区学院以提高技能。社区学院研究中心使用联邦教育部的数据报告，2018—2019 年，近 40% 的本科生就读于公立两年制学院。在 2008 年至 2017 年获得所有领域学士学位的学生中，有超过一半(52%)的学生在社区学院完成了一些课程，1/4(25%)获得了副学士学位。在 S&E 学位获得者中，这一数字分别为 47% 和 17%。[19]

社区学院也为一些学生提供了一条最终获得博士学位的途径。2020 年获得 S&E 博士学位的学生中，约有 20% 报告曾就读于社区或两年制大学，约 6% 曾获得副学士学位。[20]然而，社区学院的出勤率在不同的学位领域和不同的人口群体中有所不同。2020 年获得副学士学位的博士生的比例从工程博士学位的 3% 左右到医学健康科学博士学位的 11% 以上不等，这也意味着博士生上过社区学院的比例比往年更高。在种族类别中，黑人 S&E 博士学位获得者获得副学士学位的比例最高(10%)；亚洲人(3%)的比例最低。[21]

4. 营利性高等教育机构

2019—2020 年，美国有 722 所授予学位的私立营利性高等教育机构。这些机构中约有一半只授予副学士学位；其余的授予更高的学位，包括大约 8% 的授予博士学位。营利性机构授予的学位人数在 21 世纪初期增加较快，但从 2011 年到 2019 年每年都有所下降。营利性学术机构获得的 S&E 学位不到 3%。[22]2019 年他们授予的 S&E 学位集中在以下几个领域：76% 的 S&E 学士学位授予了计算机科学、心理学或政治科学和公共管理专业学生；在博士阶段，86% 的 S&E 学位授予了心理学、医学或政治学和公共管理专业的学生。在营利性机构获得 S&E 博士学位的黑人比例高于其他群体(2019 年为 25%，而西班牙裔为 7%，白人为 5%，亚裔为 3%)。[23]

(二)STEM 本科教学联盟高校

在美国政府及整个社会都高度重视 STEM 人才培养的大环境下，高等院校也纷纷加入促进 STEM 人才培养的"助力大军",通过改进教学、采用循证的教学方法、提升 STEM 师资质量、降低生师比、支持女性或少数族裔 STEM 学生等多种方式改善 STEM 教学,提高 STEM 专业领域的教学效率,从而提升 STEM 人才培养质量。其中较具代表性的是北美大学联盟的"提高本科阶段 STEM 教育的五年规划"和之后的"试点学校"计划。北美大学联盟是由北美的 61 所大学组成的一个团体,其中 59 所来自美国,2 所来自加拿大。世界名校哈佛大学、麻省理工学院、宾夕法尼亚大学等也是北美大学联盟的成员。北美大学联盟的入盟标准颇高,任何一所想要成为北美大学联盟一员的大学必须得到其成员中至少 3/4 的支持率。

早在 2011 年,北美大学联盟就制定了一项提高本科 STEM 教学的五年规划,规划要求其成员大学与政府及其他社会组织与机构通力协作,对 STEM 本科生的教学质量进行评估,确保 STEM 人才培养质量。同时,加强对 STEM 教师专业技能的培训,为大量培养高质量的本科 STEM 人才提供优质师资。2013 年 6 月,北美大学联盟选取联盟中的八所大学作为试点高校,着重支持这 8 所大学在 STEM 人才培养方面所做的探索与实践,并将其成功经验分享及推广给其他大学。如"试点高校"成员之一的亚利桑那大学推出"STEM 教育计划",该计划内容主要包括:运用基于证据和基于活动的教学方法改进教学,提升 STEM 相关专业课程的教学质量;组建"教师学习团体"和举办基于证据的教学方法研讨会,建立教学评估体系提高教师 STEM 专业技能水平。通过改进教学,提升教师专业教学能力,为 STEM 人才培养质量的提升做好充分准备。

高校作为培养 STEM 职前教师的主要场所,不能只依托教育学院培训师资,美国各综合型大学非常注重教师教育学院和科学学院、数学学院、工程学院等理工科学院之间的合作,共享学科专家、教学设施等各类教学资源,实现资源互通互享。美国联邦、州和地方政府也要求高等院校的科学、数学、工程院系向未来进入 STEM 学科教学的本科生、研究生提供 STEM 学科知识教学和 STEM 学科教学方法的课程学习。

二、中小学为 STEM 培养提供实训基地

美国的 K-12 公立学校教育系统是一个庞大而复杂的组织系统。在 1.4 万个

学区的 9.8 万所学校中，有近 5000 万名公立学校学生和 320 万名教师(这些数字不包括 K-12 私立学校的学生和教师)。大约有 170 万名小学教师，其中很少有获得 STEM 专业学位的学科教师。全美大约有 130 万名初中和高中教师，其中约 42.5 万人从事数学或科学科目的教学。目前公立小学和中学教育的总支出约为每年 5930 亿美元。从历史上看，联邦资金贡献了约 8% 的办学资金，各州和地方分别贡献了约 47% 和 44%。[24] 由此可见，是州和地方学区财政预算共同支撑着 STEM 学科教学与 STEM 师资培养重任。

STEM 教师职前培养主要源于传统师范教育对学生教学能力的训练，同时 STEM 专业极强的实践性也要求重视师范生的教学实习，教学实习在 STEM 教师职前培养中处于不可或缺的关键地位，因此作为为教学实习提供主要场地的中小学在 STEM 教师职前培养中地位突显。20 世纪五六十年代，大学中的教育系或教育学院占据了职前教师培养的绝对垄断地位，负责学生的学科知识传授，但是在大学主导的职前教师培养模式下，新手教师缺乏实际教学经验，无法马上胜任教学任务等问题日益严重。为了缓解这些问题，美国教师培养机构开始逐渐重视职前教师教学实习，培养师范生具备教学实践能力方向转变，也因此强化了中小学在职前教师培养过程中发挥的重要作用。中小学是培养 STEM 教师实践能力的前沿阵地，可以帮助新任教师快速适应角色获得专业成长，在职教师持续专业发展也必须以中小学的课堂实践为依托。尤其是通过"替代性"途径取得教学许可资格的教师，专业知识相对缺乏，教育教学知识也不足，因此入职之前在中小学校接受强化培训对于这些教师快速获得教学技能至关重要。

一般而言，开设 STEM 教师教育项目的美国高等院校都会寻求与周边学区的中小学及教育机构合作。各类中小学和教育机构为 STEM 职前教师提供实地体验、教学实习等，并进行监督和反馈，为这些未来优秀的 STEM 教师提供教学指导和帮助。大学与中小学的合作实现了 STEM 理论与实践的结合，为职前教师未来顺利走入工作岗位，熟悉教学任务，开展教学计划，指导学生 STEM 教学等提供更大可能和保障。比如斯坦福大学教师职前培育项目会在每一学期都安排师范生去合作学校实习，并且要获得相应的实习学分才算总体合格。学生在学校参加实习期间，学校有专门的教师负责对实习生进行课堂指导，其工作职责大致包括以下几个方面：(1)观察实习生的教学活动，为季度评价收集材料。(2)与大学指导者一直保持交流，讨论实习生的学习进展。在决定如何更好地帮助指导实习生时，迅速与大学指导者取得联系，必要时 STEM 实习负责人可提供额外指导。（3）完成三次季度评价。（4）与实习生讨论季度评价的内容，确立未来学习目标。

德州大学奥斯汀分校的 UTeach 项目的 100 个学生实习基地几乎遍布于奥斯汀独立学区所有中小学，为 UTeach 数学和科学教师的教学观摩和实践课程（如 Step 1，Step20）安排提供极大的便利，学生的实践时间不仅仅集中在毕业前的一个学期，而是分布于不同学习阶段，教育教学知识课程与专业知识课程能够相互融合。"如果没有这些学区的中小学校长与教师的大力支持，UTeach 肯定也只是表现平平的教师培养项目。"[17]

第四节　专业协会发挥质量保障作用

STEM 教师协调培养不仅是要扩充新教师数量，更是要提升现任教师的专业素质，为此，就需要专业协会或教师协会发挥质量监督的作用，为 STEM 教师培养提供规范的专业标准，在专业成长过程中为其提供优质的学术资源以及丰富多样的专业发展机会，确保 STEM 教师培养通道从起点到终端，都能始终坚持严格的学术标准，为中小学输送大批高质量的 STEM 教师。

一、教育协会为 STEM 教师培养提供专业标准

美国中小学 STEM 教师职前培养的专业标准一般参照科学教师培养的专业标准。美国国家科学教师协会（NSTA）认为完备而富有成效的科学教师教育计划和科学教师执照标准对所有科学教师都至关重要，应该为那些进入教学领域的未来教师制定通用清晰的专业标准，以便加深他们对纯科学和应用科学的理解，具备采用合适的教学方法教授不同年龄段学生科学知识的专业素养。

美国科学教学协会为落实美国国家研究委员会于 1996 年颁布的《国家科学教育标准》，1998 年制定了全面系统的科学教师培养标准。之后由于《科学教师培养标准》在使用过程中存在目标模糊、范围宽泛以及与《国家科学教育标准》不够一致等问题，NSTA 于 2003 年对其进行了修订。2003 年版《科学教师培养标准》划分为学科内容和教育学两个维度，包括学科内容、科学本质、探究、问题、一

般教学技能、课程、社区科学、评价、安全和福利、专业发展 10 条标准。为了使科学教师的培养目标更加明确和清晰，2012 年版《科学教师培养标准》又在 2003 年版的基础上精简总条目数，最终形成了学科知识、学科教学法、学习环境、安全、对学生学习的影响、专业知识与技能六条核心标准。

2012 年，NSTA 和 NRC 等机构协作完成《K-12 科学教育框架文件》（以下简称《框架》），2013 年发布《下一代科学教育标准》（*Next Generation Science Standards*，NGSS）。在《框架》和 NGSS 相继发布与实施的过程中，人们逐渐意识到《科学教师培养标准》急需更新。2015 年，NSTA 成立修订委员会，多次征求各专业学科教学组织（包括美国科学教师教育协会、生物教师协会、化学学会、物理教师协会和地球科学教师协会等）的反馈意见，最终形成 2020 年版《科学教师培养标准》。

《框架》和 NGSS 提出高质量科学教育所需的三个维度，即科学与工程实践、跨学科概念和学科核心概念。《框架》和 NGSS 的首位关键词从"科学探究"转变为"科学与工程实践"，体现出对科学教师理解科学本质、掌握科学与工程思维、回归探究活动本质的要求。科学教师需要帮助学生在科学与工程实践的教学过程中，自主建构由跨学科概念和学科核心概念组成的知识体系。2020 年版《科学教师培养标准》将上述三个维度贯穿在学科知识、学科教学法、学习环境、安全、对学生学习的影响、专业知识与技能这六条科学教师培养的核心标准当中，特别强调工程实践和基于文化因素的教学法，要求科学教师通过工程设计，让所有学生都有机会参与到基于文化因素的科学学习中，促进他们对科学本质的理解和应用。

2020 版《科学教师培养标准》依旧是从六个维度对科学教师的教学提出了不同期待，并对科学教师在课堂教学中如何施教进行了详细说明。

维度一是学科知识的要求与期待，《标准》指出有效的科学教师应当理解和阐明当代科学和工程的知识和实践，能够将重要的学科核心思想、跨学科概念、科学和工程实践联系起来。因此，科学教师的职前培养可以从如下几个方面加强专业训练：（1）使用和应用其专业认证领域和支持领域的主要概念、原则、理论、定律和相互关系，解释科学的本质，以及科学知识的当前和历史发展所固有的文化规范和价值观。（2）展示跨学科概念、学科核心思想、科学和工程实践的知识、科学特定技术的支持作用，以及不同人群对科学的贡献。（3）展示如何依据科学标准、安排科学内容知识教学和学习进度，以教授 PK-12 学生。

维度二是内容教学法要求与期待，有效的科学教师根据他们对学生如何学习和形成科学知识、技能和思维习惯的理解，为所有学生设计学习单元以提供公平的、文化适应的学习机会。有效的教师还在其教学计划中包括与科学工程实践和跨学科概念的适当联系。科学教师的职前培养可以从如下几个方面设计课程：（1）使用科学标准和各种适当的、以学生为中心的、与文化相关的以科学学科为基础的教学方法，这些方法遵循安全规则，并结合科学和工程实践、学科核心理念和跨学科概念。（2）采用适当的差异化策略，使所有学生形成概念知识和对科学本质的理解。课程应该让学生参与应用科学实践，澄清关系，并从经验中识别本质模式。（3）使用工程实践来支持科学学习，寻找所有学生能够设计、构建、测试和优化问题的解决方案。（4）调整教学和评估策略，以支持教学决策，识别和解决学生的误解，先验知识和模糊不清的概念。（5）整合特定科学的技术，支持所有学生对科学和工程的概念理解。

维度三是对科学教师构建学习环境的要求与期待，有效的科学教师能够通过确定与科学标准相一致的适当学习目标来促进学生学习科学知识，让所有学生参与科学学习。教学主题要选择适合课堂和学习者社会背景的现象，安全方面也要充分考虑，确保学生在安全稳妥的环境中参与科学本质探讨以及科学和工程实践。有效的教师应该创造一个没有偏见，认同多元文化和社会公正的学习环境来实现这些目标。科学教师在职前培养阶段可以尝试从以下几个方面营造良好的学习环境：（1）根据科学标准制订各种教学计划，采用各种教学策略，展示教师如何选择适当的教学活动激发学生对科学知识的理解，以促进包容、公平和反偏见的学习环境。（2）为所有学生提供在各种学习环境（如实验室、行业领域和社区）中的学习经验。（3）自主开发合适的课程，让所有的学生都有各种各样的机会来调查、合作、沟通、评估、从错误中学习，并为他们提供解释科学现象、现场观察和分析数据的机会。

维度四是对科学教师安全教学的要求与期待，有效的科学教师在他们的教室和工作场所张贴生物、化学和物理安全教学的告示。他们还需要合乎道德地对待生物有机体（用于实验研究的动物），并维护与其教学许可领域相关的仪器设备和化学用品。科学教师在职前培养阶段需要加强如下能力的训练：（1）培训教师开展适合所有学生活动的能力，具备采购、准备、使用、储存、分发、监督和处置其教学许可领域内使用的所有化学品/材料/设备的安全技术的能力。（2）培训教师具备如下能力：识别包括过度拥挤在内的危险情况；实施紧急避险程序；维护安全设备；提供足够的学生指导和监督；遵守符合既定的州和国家指导方针、州适当的法律和国家安全标准（如 OSHA、NFPA、EPA）和最佳专业实践（如NSTA、NSELA）的政策和程序。（3）培训教师提升在课堂内外注意安全和人道地对待所有生物的道德决策能力，并遵守与其教学许可领域相关的收集、护理和使用生物的法律限制和最佳专业做法。

维度五是对科学教师影响学生学习成就的要求与期待，有效的科学教师提供的证据表明，学生已经学习并能够应用学科的核心思想、跨学科概念、科学和工程实践作为教学的结果。有效的教师能够分析个别学生、整个班级和按人口统计类别分列的学生亚群的学习成就，并利用这些成就为课程规划与教学组织提供信息反馈。科学教师在职前培养阶段应加强如下能力的培训：（1）实施评估，表明所有学生已经学习并能够应用学科知识、了解科学性质、科学和工程实践，以及在现实情况中的交叉概念。（2）收集、组织、分析和反思形成性和总结性的证据，并利用这些数据为未来的计划和教学提供信息。（3）根据学生的人口统计数据，分析具体学科的评估数据，对学习者的知识水平进行分类，并反思后续课程计划的结果。

维度六是对科学教师专业知识技能的要求与期待，有效的科学教师应该努力不断地提高他们在科学内容和教学方法方面的知识，包括解决不平等问题和让所有学生参与科学活动的方法。他们认同自己是科学教育团体的一部分，并以此要求规范自己的教学行为。科学教师在职前培养中应该学会：（1）对自己的科学教学进行批判性反思，不断提高教学效率。（2）参与专业发展机会，深化其掌握的科学内容知识和实践。（3）参与专业发展机会，扩大其特定科学的教学知识。

二、专业协会为 STEM 教师提供优质教学资源

专业协会吸纳了行业领域优秀的人才，也汇集了各种高质量的教学资源为职前及在职教师的专业能力锤炼提供支持，比如美国科学教学协会为不同教学层面

的中小学教师甚至大学教师提供主题学习的精品课程指导、教学工具的运用、课程设计的指南、教学方式的研讨等。NSTA 的网页上可以搜寻到的教育资源丰富多样，分为主题资源、不同年级水平资源、各种免费资源。主题资源包括 5E 教学资源，帮助教师了解如何在课程教学中融入 5E 教学框架。跨学科概念（Crosscutting Concepts，CCC）的教学指导是华盛顿大学科学和数学教育研究所 STEM 教学工具计划的一部分，科学教学协会将华盛顿大学的探索成果以一份简报的形式张贴出来，"为什么以及如何使用跨学科概念来加强科学教学"有助于教育工作者加深对 CCC 教学的认识，在 STEM 学习活动中运用更加广泛，同时也会针对不同社会背景的学生设计更具包容性的学习内容。该简报对 CCC 进行了定义，阐述了需要考虑的关键事项，提供了关于全纳性教学的指导，并对应采取的行动给出了意见。针对不同年级水平段的教学需求，科学教学协会也提供了多种类型的教学指导。

（一）中小学科学教师的主题教学指导

1. 草坪美化指南（Meadowscaping Guides）

草坪美化是将草坪、游乐场、空地、天井和其他未使用的铺设空间变成植物和动物的天堂的艺术。从幼儿园到八年级的老师和学生可以找到灵感和技巧，将他们校园中未使用的空间转变成壮观的草地栖息地，这里有两本分别来自儿童园艺和美国草地网站提供的《草地景观与孩子》《草地美化让它变得更好》新出版物可供老师和学生参考。《草地景观与孩子》是一份长达 4 页的 pdf 文件，提供了背景信息和与学生一起创建草地景观环境的基本原理。《草地美化让它变得更好》则是一本 16 页的操作指南，提供了在任何地方种植草地的技巧和信息。该指南包括以草地为主题的项目，以启发年轻的园丁设计生动有趣的课程学习，比如"邻里植物微笑""传粉者寻宝游戏""通过日记观察自然""拯救我们的土壤"和"种子球分享"（专业协会）。

2. 轨迹模拟学习体验（Cool Contrails Simulation）

飞机尾气中的水蒸气凝结成冰，形成了由冰晶组成的云。教师可通过简单的例子呈现，让学生猜到"轨迹"这个词语在科学课程中的含义：凝结痕迹，学生可以创建他们自己的超酷轨迹。学生可在美国国家海洋和大气管理局（NOAA）的中层天气教育网站 SciJinks 上进行模拟学习。模拟包括使用模拟的指令以及关于飞行轨迹和它们如何形成的附加信息。

3. 健康课程系列开发

健康课程由罗切斯特大学医学中心生命科学学习中心的教育工作者开发，该系列课程面向 9—12 年级，向学生介绍"同一个健康"的概念，人类健康、动物健康和环境健康之间的联系。这些课程包括教师指南和每个主题的学生讲义。三节课已被改编为虚拟实地考察（VFT）体验，通过 5~6 个 30 分钟微型课程异步呈现。课程主题包括抗生素耐药细菌的爆发（也可作为 VFT 提供）；消失的蜜蜂；神秘的脑部疾病病例（也可作为 VFT 提供）；蚊子入侵；蝉虫、生物多样性和气候（也可作为 VFT 提供）；昆虫是否能拯救地球。

（二）STEM 课程开发提供支持

美国物理教师协会也为教师的课程开发提供支援，确保所有教师都能获得满足其需求的最佳实践和高质量教学材料，并支持他们在课程开发方面的努力，为此建立了生命物理学门户网站，生命物理学门户是课程开发人员和教育研究人员的合作平台，他们在生命科学课程的物理学入门方面具有专门知识，可以实现优质课程共享和支持。该门户网站在 2019 年对 beta 测试用户开放。2019 年，门户网站增加了 200 多个教学单元，其中大约一半的资源已提交并接受编辑审查。300 名用户加入了这个门户网站，利用现有的资料，大约 20 多名教师参加了三次"课程交换"活动。

三、专业协会为 STEM 教师提供多种专业发展机会

专业协会还可以为不同职业发展阶段的教师提供专业学习的机会，使其获得实用的教学策略，丰富学生的学习。专业学习包括四种类型：最新学习资源的推介、专业学习单元、网络研讨会、学区专项学习计划以及线上专业学习。

NSTA 专业学习单元（PLU）是小型的、自定进度、异步的短期课程，教育工作者可以使用这些课程来改善他们的实践、丰富学生的学习并增加课堂上的公平参与。参加培训的教师可以依据各自的日程安排选择上课时间或上课地点，课程结业可以获得 NSTA 专业学习单元证书，可用于置换专业学习的学分。NSTA 网

络研讨会是现场专业学习体验，使用在线学习技术，让参与者与全国知名的专家、NSTA出版社作者以及NSTA合作伙伴组织的科学家、工程师和教育专家进行互动。NSTA为学校、地区或州提供量身定制的现场演示和研讨会、在线体验以及热门主题(包括三维教学)的书籍包。NSTA使用混合方法，将面对面的培训与其他在线机会相结合，以扩展学习机会，从而促进课堂实践的持续变化。

K-12科学教育和下一代科学标准(NGSS)框架鼓励学生参与科学和工程实践，以加深对学科核心思想和跨学科概念的理解。作为NGSS开发的合作伙伴，NSTA一直处于提高所有学生科学教学质量的最前沿，支持学校或学区努力实施三维标准并改变课堂教学，并为学校管理人员、骨干教师以及其他教师提供培训计划。NSTA旨在通过模拟学生学习体验的创新教学策略，提高教师、学校和学区实施三维计划的能力。参与者有机会参与和观察三维活动，然后依据自身经验反思和讨论他们所观察到的教学活动。虚拟指导和辅导模式有助于各学区和学校提高教师们的科学教学能力。NSTA的教学辅导服务支持课堂教学融入最新研究成果和NGSS三维标准。通过使用NSTA的三维特定协议，教师在教学法探索中得到个性化的支持，成功地在课堂上实施三维教学。

美国数学协会(American Math Society，AMS)的数学研究社区(MRC)推出了一个专业发展项目，为职业生涯早期的数学教师提供丰富的机会来发展合作研究技能，建立一个以前沿活跃研究领域为中心的网络，并接受该领域领导者的指导。MRC由美国国家科学基金会、AMS和私人捐助者共同资助三年，为数学教师提供为期一年的专业学习体验，研修活动主要包括：在夏季举行为期一周的密集实践研究会议；在夏季会议1个月之后举行数学会议联盟特别会议；职业生涯建设指导；后续小组合作；参与者之间进行合作和社区建设的长期机会；随着时间的推移，每个参与者都需要提供关于职业发展和MRC计划影响的反馈。MRC项目自2008年启动以来，来自48个不同主题领域的1500多名成员参加了该项目。

四、专业协会为STEM教师提供学术交流平台

专业协会还可以为STEM教师的同行交流提供广阔的平台，飞速发展的信息技术已经为教师们的学术交流提供了更便捷的方式，线上的经验分享与主题研讨

已成为同行交流的主要形式。

美国数学协会通过各种类型的会议为教师成员提供面对面或虚拟的交流机会，这些会议有全国性的大型会议、区域性会议、小型会议或工作坊，通常被称为联合数学会议（JMM），AMS 的全国年度会议的目的是提高数学成就，鼓励教学研究，并提供在该领域取得进展所必需的交流合作。区域性会议每年举行 8 次，一般来说，美国各地春季和秋季各有一次区域性会议。AMS 主办的这些会议可以为教师提供愉快的学术交流体验，彼此之间分享成功经验与失败教训，不仅能丰富教师的数学知识，还能助推职业生涯，并与同行们建立长期联系。

美国科学教学协会定期举办全国性的学术会议，为 STEM 教师提供学术交流与专业成长的机会，比如 2022 年在芝加哥举办的全国性学术会议的会议邀请就这样写道，为教师们提供机会让自己沉浸在为期 3 天的夏季科学和 STEM 教育活动中，教育工作者将在活动中分享经验，向合作者学习，与同事交流，并在分组会议和非正式环境中结识新朋友。会议内容丰富多样，从专注于在 STEM 课堂上提高科学素养的引人入胜的演讲、意义建构、公平和评估，到生动的参会者研讨会、信息丰富的海报分享系列和快速主题分享会议，再到参观充满活力的展示厅，展示最新的教学工具、材料和技术，可以为教师们带来最好的专业学习体验。

参考文献

［1］Executive office of the president. Strategy for American Innovation. https：//obamawhitehouse. archives. gov/sites/default/files/microsites/ostp/openinnovation_memo0611_finalv4. pdf.

［2］［7］Committee on STEM Education. （STEM） Education Strategic Plan. May 31, 2013. https：//obamawhitehouse. archives. gov/sites/default/files/microsites/ostp/stem_stratplan_2013. pdf.

［3］The White House. American Competitiveness Initiative. https：//georgewbush-white house. archives. gov/stateoftheunion/2006/aci/index. html.

［4］［5］NASP. Education Funding. https：//www. nasponline. org/research-and-policy/

policy-pr iorities/critical-policy-issues/education-funding.

[6]Executive Office of the President, Prepare and Inspire: K-12 Science, Technology, Engineering, and Math (STEM) Education for America's Future. September 2010. https://obamawhitehouse. archives. gov/sites/default/files/microsites/ostp/pcast-stem-ed-final. pdf.

[8][9]NSF. FY2022 Agency Financial Report. https://www. nsf. gov/publications/pub_summ. isp? Ods _key = nsf23002.

[10][11]Grace Chen. An Overview of the Funding of Public Schools. https://www. publicschool review. com/blog/an-overview-of-the-funding-of-public-schools.

[12][24]Sylvia Allegretto. July 12, 2022. Public Education Funding in the U. S. Needs an Overhaul. https://www. epi. org/publication/public-education-funding-in-the-us-needs-an-overhaul/.

[13]Bellwether. 100Kin10: A Decade of Accelerating Impact on Teachers and Students in STEM Bellwether Education Partners'Research Findings Brief. https://100kin10-files. s3. amazonaws. com/100Kin10BellwetherImpactFindings. pdf.

[14]Philanthropy News Digest. White House Launches Public-private STEM Partnership. December 17 2022. https://philanthropynewsdigest. org/news/white-house-launches-public-private-stem-partnership.

[15][16][17][18][22]NSB. Higher Education in Science and Engineering. https://ncses. nsf. gov/pubs/nsb20223/u-s-institutions-providing-s-e-higher-education. 2020.

[19][20][21][23]NCSES. Survey of Earned Doctorates. https://ncses. nsf. gov/pubs/nsf22300/report.

[25]UTeach. Partrrers: AISD. http://uteach. utexas. edu/Partners/AISD.

第六章　STEM 教师协同培养的实施路径

STEM 教师协同培养是实施高质量 STEM 教育的保障要素，协同培养不仅是顶层设计的周密部署，而且也是全社会力量的大整合，通过联邦政府的调控指挥，加上州与地方学区的密切配合，为大学与中小学提供了多种可能性探索协同培养的有效实施途径。目前 STEM 教师协同培养的探索更多是从教师职前培养阶段开始，不仅对传统大学主导的职前培养模式进行了调整创新，而且还增加了新的职前培养路径，充分彰显了政府调控与市场竞争结合的优势互补，力图以更加灵活多样的形式来吸引延揽优秀 STEM 人才进入教育行业。

第一节　大学主导的 STEM 教师培养模式创新路径

美国大学是世界顶级科学人才和教育研究人员的家园，他们的学术工作对于强化 STEM 学科的知识至关重要。这些大学在招聘和培养全国最好的 STEM 教师方面发挥着关键作用，他们将继续扩大 STEM 教育的可及性，并改善所有学生的 STEM 学习成效。UTeach 模式是 STEM 教师职前培养的一种创新示范模式，充分展现综合性大学在改善公共教育体系方面发挥的重要作用，培养更多优质的中学 STEM 教师，以丰富拓展 STEM 教育机会，让所有年轻人都能接受高质量的 STEM 教育。

UTeach 项目于 1997 年在得克萨斯大学奥斯汀分校试点运行，旨在招募 STEM 本科专业(科学、技术、工程和数学)学生进行师范训练使之成为公立学校未来新教师的一种创新方式。得克萨斯大学奥斯汀分校是首个启动 UTeach 教师准备项目的大学，现在该项目运作方式已在全国多所大学复制推广，以此促进

STEM 教育和整个公共教育系统的改进。

一、UTeach 项目推出的时代背景

得克萨斯大学奥斯汀分校推出 UTeach 项目的最初意图是想充分利用综合大学 STEM 专业学院的学科优势，为师资紧缺的公立中学培养更多高素质的 STEM 教师，实际上也是高等院校对联邦政府大力推行 STEM 教育的一种积极主动回应。

(一)回应国家培养 STEM 教师的倡议

2010 年，奥巴马总统的科学技术顾问委员会在《准备和激励：K-12 美国未来的科学、技术、工程和数学教育(STEM)》的报告中对于师资准备提出了两个重要建议：在未来 10 年内招募和培训 10 万名 STEM 教师，并通过建设 STEM 特级教师队伍来表彰和奖励全国前 5% 的 STEM 教师。彼时美国 STEM 师资培养面临的窘况是一方面中小学极度缺乏优质教师，另一方面却是师范教育成本的不断上升使得许多处境不利的年轻人无力承担相关费用而放弃从教的想法。据美国教育部提供的数据，自 2010 年以来，美国高校大学生申请教师资格证的人数在不断减少，从 2010 年的 68.4 万人减少到 2018 年的 45.6 万人。[1] 与此同时，获得教师资格证的人数也是在逐年减少，从 2010 年的 28 万人缩减为 2018 年的 21 万人。如此尴尬的情形，让美国政府很是头疼。为了缓解 STEM 教师短缺问题，尤其是为了吸引更多优秀大学生进入教育行业，国会于 2010 年通过《美国竞争再授权法案》授权国家科学基金会设立罗伯特·诺伊斯教学奖学金，以培养高质量的 STEM 教师。与此同时，联邦政府还督促美国综合大学回应社会需求，承担起培养中小学师资的公共责任。UTeach 项目就是综合大学积极响应联邦政府倡议"未来 10 年培养 10 万名 STEM 教师"计划的一项行动，也是诺伊斯奖学金支持 STEM 教师职前培养项目的直接受益者。

(二)降低 STEM 教师培养的教育成本

UTeach 项目的最大特色就是低成本高效益(见表 6-1)，参加项目的学生可以在四年本科学习期间既获得 STEM 学位，又能申请到教学资格证，不仅节约了时

间成本与教育成本，还能体验高质量的师范训练。

表 6-1   **低成本高效益的 UTeach 模式**

STEM 教师培养模式	传统的本科学位+教学许可证培训模式	UTEACH 模式
年均投入总额(公用经费与拨款捐赠)	357 万美元	200 万美元
年均培养人数	67 人	70 人
教师人均培养成本	53000 美元	29000 美元
留任时间	平均 2.1 年	平均 5 年

注：表格数据由作者依据文献资料整理而来。

UTeach 项目是始于得克萨斯大学奥斯汀分校(公立常春藤名校)于 20 世纪末对师范教育的一次创新性尝试，并在不断摸索之中逐步成型，为美国 STEM 教师的职前培养开辟了一条新的通道。通过 UTeach 项目培养出来的高素质 STEM 教师为数以万计的中小学生提供更佳的学习体验。

二、UTeach 项目的教师候选人招聘策略

UTeach 项目开发人员对培养高质量教师的重视表现在从招生源头采取了积极主动的招募策略，吸引 STEM 专业的优秀学生参与体验课程。在项目初期为参训师范生提供贴心的咨询引导服务，以便他们依据培训目标制订合适的课程学习计划。高品质的 STEM 教师应该是德才兼备的优秀学子，因此，参训学生不仅要课程学习上达到规定的质量标准，还要表现出认真务实的学习态度，以及具备诚实正直的学术品质。

(一)积极招募优秀生源

UTeach 在招募活动中采用灵活多样的沟通策略，以确保所有 STEM 专业学生，特别是新生，都有机会被邀请参加该项目的体验课程，并让他们意识到 UTeach 项目低成本高成效的培养方式为其求学择业带来的诸多益处。项目中心

为有意向的申请者开设两门体验课程，这种入门级别的体验课程通常为一学时的实地课程，学生可以在一个积极合作的环境中尝试教学，而不需要承诺必须参加培训项目，同时申请 UTeach 项目的学生在培训期间可以获得数额可观的经济奖励或学费减免。

UTeach 项目的开发人员认为，如果学生的职业选择在大学初始阶段得到认可、重视和支持，那么许多学生就会考虑从事教学工作。[7] UTeach 项目顾问为那些有申请意向的学生提供前期引导服务，帮助其了解多种学位计划，确保 UTeach 项目满足学生的学位获取与资格认证要求。为了让参训学生获得更优质的学习体验，UTeach 项目中心还提供设施齐全的工作坊，空间富余可供学生们自由研讨，工作坊紧挨着 UTeach 的课程教学教室、指导教师和行政人员的办公室，学生寻求指导与咨询都很便捷。项目工作人员通常会定期举行招生宣讲活动，列举参与项目为学生带来的诸多益处，比如，学生可以通过由非营利性 STEM 机构或教育机构提供的短期实习来获得收入和相关的工作经验。此外，UTeach 项目还承诺为那些选择教学行业的毕业生提供两年强化的个性化入职支持，包括课堂观摩、专业发展机会、在线指导以及获取进入大学图书馆借阅资料的权限。

(二) 全程配置咨询指导

UTeach 项目不仅通过扩大招生宣传选拔到优秀的本科生，还要为其成为高质量的 STEM 教师提供细心周到的咨询服务。从注册申请、课程学习以及现场教学这一整套项目流程下来提供全程贴心咨询服务。学生们常有的疑难问题主要是关于未来职业发展规划、申请程序的问询、教师资格认证程序的了解、教学经验获取的关注、UTeach 课程的难易程度、教学时间安排、课程学习要求以及 STEM 教师的前景等。为了解决不同学习者的咨询需求，UTeach 中心配备了经验丰富的专业人士提供多种咨询服务项目，比如为各类理工科专业的学生申请 UTeach 项目提供咨询，为有意申请 UTeach Access 项目(德州大学与社区学院合作培养 STEM 教师项目)的学生提供咨询，为奥斯汀分校不同年级学生申请 UTeach 项目提供咨询等。申请 UTeach 项目的学生每学期可以去咨询办公室现场寻求建议或是通过填写在线咨询工作表获得建议。

除了由专职行政人员提供的咨询服务之外，奥斯汀分校还有学生组成的辅助咨询队伍，比如学生大使、同伴导师，他们都可以为奥斯汀分校 STEM 专业的本科生申请 UTeach 项目提供信息了解相关情况或是帮助他们解决参训期间所遇到的各种难题。同伴导师曾有过参加 UTeach 项目的经验，可以协助参训学生制定课程计划、安排学习时间、准备课程资料。

(三)严格把控筛选标准

UTeach 项目承诺要培养高质量的 STEM 教师，从申请门槛到课程学习、教学实践以及教师认证都需遵循严格的质量标准。首先是申请门槛必须满足专业知识要求，申请者必须是大二或以上年级的学生，如果是数学或科学专业的学生，数学或科学的课程学习时间不能少于 15 学分(本科学位授予要求修满 120 学分)，而且学科成绩为 C 等以上，其他理工科专业的学生修习数学或科学课程的时间也不能少于 12 学分，且平均绩点为 2.5 分。[2]其次是课程学习设置先决条件，即 UTeach 项目对所有参训学生实施强制执行的前提条件，如果学生注册了一门课程，没有满足其前提条件，申请就不会通过，比如，对于那些专业课程总体学习时间不足 80 学分的学生，只有先修完第一阶的入门课程 1——UTS101(探究式教学方法)，才能注册第二阶的入门课程 2——UTS110 的学习(探究式课程设计)。再次是现场教学需要开展形成性评价与终结性评价，大学协调教师与中学合作教师分阶段对参训学生在实习阶段的综合表现做出评价。最后是教师资格认证也要满足学位要求、认证培训的要求，以及通过必要的考试。

参训学生除了满足课程学习的质量标准之外，还要遵守课堂出勤率的相应规定，出勤率反映出个人的专业学习态度，参训学生随时都要做好上课的准备，不能迟到早退，积极参与课程学习(不管是线下还是线上课程)。学术诚信也是所有参训学生都必须坚守的道德底线，申请者必须通过提供真实的背景、经验和资格材料来展示诚实和正直的品性。

三、UTeach 项目运作的协调培养机制

UTeach 项目作为一种 STEM 教师职前培养的成功模式已经被美国多所综合性大学，比如加州大学伯克利分校、佛罗里达大学和西弗吉尼亚大学等州立旗舰大

学复制推广。有学者对其成功经验进行了研究，发现建立跨部门联合培养机制，形成结构化的支持体系是项目取得成功的最关键因素。结构化的支持体系包括制订紧凑灵活的课程计划、配置经验丰富的特级教师以及嵌入贯穿全程的现场教学实践。

（一）构建长期的跨部门合作机制

UTeach 项目的成功实施有赖于跨部门合作培养机制的构建，奥斯汀分校的教育学院、文理学院和 STEM 学院组成联合治理委员会，对 UTeach 项目进行协调管理。跨学院的治理委员会由专业教师和管理人员代表组成，"委员会成员定期碰面制定项目政策，评价课程和教学效果，并负责学生事务和项目运作"。

跨部门合作机制的最大优势是可以充分利用各合作单位的学术资源为 UTeach 项目的持续运行提供技术支持与智力贡献，比如合作学院的特级教师和学科专家必须参与 UTeach 项目的开发与实施以确保课程结构合理、STEM 相关学科知识的有效整合以及 STEM 学科内容和教学法课程比例均衡。通常来自各个学区的管理人员、课程专家和指导教师亦会与 UTeach 项目实施的大学教师保持密切联系，以确保师范生在培训过程中获得高质量的现场体验、反馈和指导。

UTeach 项目的日常运营则是由 UTeach 项目中心来负责，该中心的人员组成包括协调主任、项目支持人员、学生顾问、特级教师和学科专家。UTeach 网站提供详细的课程介绍，申请者可以随时访问网站了解课程注册、项目最新消息、工作报告以及其他重要的事项。

（二）制订紧凑灵活的课程计划

UTeach 项目中心了解到，许多经济能力有限的学生可能无法延长本科学习年限来获得教学资格认证，因而失去了进入教育行业的机会，尤其是 STEM 专业学生，面临更高的学费成本与求学压力，对选择教师职业充满了犹豫。近些年来美国政府一直在为实现教育公平的承诺而不断采取措施吸引更多处境不利的大学生进入 STEM 教师行业，而 UTeach 项目则正是德州大学对国家政策吁求的一种积极回应，希望以一种低成本高成效的方式为经济条件不太好的本科生提供更加多样的选择。UTeach 提供四年的学位课程计划（传统的本科学位计划加上教师许可证培训通常需要 5~6 年），充分整合 STEM 专业课程标准和 UTeach 项目培训要求，让学生在获得科学、计算机科学、工程或数学学位的同时通过 STEM 中学教师的教学资格认证，课程学分要求 120~126 学分，不需要增加学生额外的学习时间和费用。

UTeach 项目的学位课程计划与其他 STEM 本科学位课程计划一样需要遵循严格的学术质量标准，并要满足联邦和州关于教师职前培养的学科标准要求。UTeach 学位课程计划结构紧凑，由一系列专业发展课程组成（见图 6-1），包括理论课程、实践课程两大类别，以满足 STEM 专业学院师资培养计划的要求。UTeach 为参训学生完成必修课程提供多样化的学习途径，课程注册随时都可以开放，以便他们在本科学习期间灵活选择。

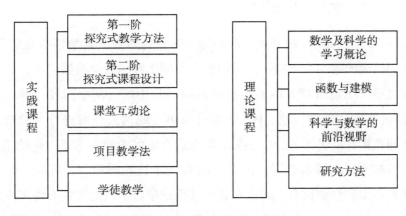

图 6-1　UTeach 项目的课程系列

数据来源：UTeach(2022). UTeach Course Sequence. https：//uteach. utexas. edu/courses.

（三）配置经验丰富的特级教师

UTeach 特级教师（Master Teacher，也称"大师级教师"），通常是被大学聘用的非终身轨临床教师，专门致力于为学生提供专业指导，确保项目顺利运作。特级教师因其拥有卓越的教育领导能力和具备丰富的数学、科学或计算机科学等 STEM 相关学科的教学经验而得到广泛认可，他们至少拥有硕士学位，热爱教育事业，善于引导师范生获得专业技能，其薪酬来自大学教学专用经费。在

UTeach 项目中约每 50 名学生配备 1 名特级教师。特级教师在现场教学中与中学合作教师开展共同教学或给予专业支持，进行课堂观察并提供口头和书面反馈，以评估和帮助学生提高他们的教学技能。除此之外，特级教师还管理现场教学活动，与当地学区教师和管理人员合作，以确保 UTeach 学生得到适当的实习安置，并获取有效的教学经验。

特级教师通常采取"开门办公"政策，使学生可以根据需要（在合理范围内）寻求帮助。特级教师还积极参与项目招聘，管理学生实习，并参与各种学生支持活动，包括追踪学生实习成效，特别是识别和追踪那些有可能存在无法完成项目风险的学生。特级教师对新手教师遇到的一些问题了然于胸，可以为他们提供及时可靠的职业支持，尤其是在 UTeach 项目毕业生进入教师行业的头两年。

（四）设计贯穿全程的现场教学实践

UTeach 项目中师范生的教学实践训练并不只是局限于某个学期或某个学年，而是从参加培训的第一个学期起，他们就有持续不断的教学实践机会，并且纵贯整个培训过程。UTeach 项目的专业发展系列课程中的前两个阶段，即在阶段一的宣讲课程（探究式教学方法）中，学生可以单人或两人一组进行课堂观摩，准备 3 节课的教案并且讲课。阶段二要求学生进行更多的课堂观摩，并且需要在不同年级进行探究式的课程教学。随后的教育教学技能课程学习期间，学生也有 3~4 天课堂观摩和教学机会。还有在其他课程的学习中，同样也有许多类似的涉及教学实践的要求，学生从培训学习伊始就与中学课堂紧密联系。当然教学实践机会最密集的课程还是教学实习和教学研讨两门主要的实践课，学生要先进行课堂观察，制订现场教学的工作计划，然后再在合作中学承担持续 12 周、每天 4 小时的全职教学任务。

UTeach 项目贯穿全程的现场教学实践为参训学生提供了不断强化的教学技能训练，使师范生从职场小白逐步成长为熟悉教学情境、善用课堂管理策略、有效激发学生兴趣的高质量教师。

四、UTeach 项目实施的工作责任制

UTeach 项目的有效运作是需要参与主体的积极配合，履行各自的职责，在

尊重与信任的前提下确保参训学生顺利完成课程学习与现场教学。教师和学生在大学内的课程学习中所应享有的权益与承担的责任通常依据联邦法律与州法律的相关规定来执行，而在中学实施的现场教学训练由于教育场景发生的特殊性，需要对参与现场教学的师生所应承担的专业责任作出更明确清晰的界定。为此，UTeach 项目中心为每位参与者配发了工作手册，并对师范生、协调教师（大学）、合作教师（中学）在实践教学过程中需要承担的职责作出了明确规定，期望每个人都能恪尽职守，与合作伙伴保持友好协商的关系，获得愉快的工作体验。

(一) 参训师范生的责任

参训师范生在现场教学活动中承担的学术责任主要有如下几项：首先，在进入现场教学的初期阶段，一是要了解与熟悉周遭的环境，拜访合作学校的领导人，熟悉学校的环境和文化。了解并遵守学校的规章制度和政策，通过查看学生档案或是日常对话等形式获得的任何私密信息都要慎加使用。二是要尊重与信任身边的人，对现场教学活动中的所有参与成员保持友善与支持的态度。在某种程度上，这意味着师范生对日常接触的人（学生、教师、员工、家长和管理人员）要尽可能保持尊重与理解的态度，即便有不同意见也要私下沟通，不能当众表现出无礼或冒犯的行为举止。三是要阅读并签署一份协议，遵守教育者道德规范（德州行政法规 247 条），认可合作老师在课堂上对参训学生行为的督导责任。其次是在现场教学的中期，师范生需要与合作教师和协调教师召开定期的反馈会议。在承担课程教学任务前制订适当的课程计划，并将计划发送给合作教师和协调教师进行审核，按照合作老师的建议进行修改。最后，在现场教学的末期，师范生要对自己在整个实训期间作为一名新手教师的成长情况进行评估，同时还要整合利用各类技术工具，以提升多媒体教学能力。

(二) 中学合作教师的职责

现场教学活动中，合作教师扮演着举足轻重的角色，他既是引导者、激励者，也是督察者。在现场教学的互动环节中，合作教师都应该将参训师范生视为专业人士予以尊重。在学期初，合作教师扮演着引导者的角色，即师范生第一天到班的时候，要将他介绍给班上同学认识，并让其了解学校有哪些可用的教学材料和教育资源。在实际教学前，合作教师要求参训学生制订教学计划，并对此提出修改建议，提醒学生应该知晓教学活动中所应承担的责任。在学期中，合作教师发挥着支持激励的作用，与师范生一起制定学习计划，为他们逐步承担更多教学责任做好衔接和提供支持。在课堂教学中，合作教师应该肯定师范生富有创造性的想法，并鼓励他们尝试新的教学策略。合作教师需要定期观察师范生课堂教学情况，做好书面记录，为每次课堂观察召开反馈会议，并向师范生和协调教师提供反馈结果。同时还要对师范生在培训前期的课堂教学表现进行形成性评估，肯定其取得的进步以及指出其需要改进的地方。在学期末，合作教师扮演着督察者的角色，对师范生的教学实践进行总体性评估，运用观察到的具体行为例子作为支持证据，并以电子方式提交评价数据，与师范生讨论每项评估结果，及时提出具体的改进建议。

(三)大学协调教师的职责

大学协调教师在现场教学过程中发挥着协调者、支持者与评价者的作用。学期伊始，大学协调教师要妥善安排与中学的合作对接事项。首先根据德州大学 UTeach 项目中心主任的指示，协助安置师范生到合作学校，为所有的师范生提供迎新见面会。其次，提前规划好本学期的教学事务，比如至少举办三次教学研讨会，合理安排课堂观察和教学会议。最后，审查学生的实习计划，为随后的实习规划和教学经验提供适当的节奏和支架，以促进学生自我管理能力提升。在学期中，大学协调教师则要为师范生的专业实践提供各种支持与指导工作，不仅要为参训学生和合作教师提供课程教学的指导，促进他们积累经验和提升专业能力，还要定期观察参训学生在课堂教学中的表现，将观察的书面报告提交给参训学生和合作老师。同时监督每位参训学生的工作进度，并与每位合作老师保持定期的沟通，帮助参训学生解决学生教学实务中可能出现的任何问题。在学期末，辅助合作教师对师范生的实习表现进行总结性评价，并为参训学生教学经验的改进提供建议。

五、UTeach 项目的反思改进策略

UTeach 研究所成立于 2006 年，为了回应国家培养高质量的 STEM 教师的政

策倡议，对已存在十余年的 UTeach 项目进行大盘点，多方收集数据来提炼经验与反思不足，以循证研究的方式来挖掘出项目特色以及成功的关键要素，并将它复制推广到更多大学。

（一）收集数据检视成效与挑战

UTeach 研究所的工作人员会定期地收集学生培训和项目运营的数据，以便全面具体地了解项目实施情况。学生数据主要是关于参训学生与毕业学生的相关情况，包括学生数量、平均分数分布、人口统计信息、毕业率和教学行业保留率。UTeach 研究所将各方收集的数据资料进行汇总，发现 UTeach 项目在培养 STEM 方面取得了如下成效：一是扩充了美国 STEM 教师队伍，为中小学输送了大量的 STEM 教师。虽然 2000 年首批毕业生只有 2 人，2001 年以后毕业生逐年呈递增之势，2020 年毕业生人数已达 1183 名，20 余年来总计培养了 7634 名 STEM 教师。[3]在全国教师供应数量下降了 20%的时期，UTeach 大学的 STEM 教师供应增长了 40%。[4]二是培养了高质量的 STEM 教师，提高了学生在数学和科学方面的学业表现，并影响更多学生进入 STEM 领域。UTeach 项目的毕业生指导的学生与其他同龄学生相比较，在科学知识与数学知识的掌握水平上，分别领先 6 个月与 4 个月。UTeach 项目的毕业生为天才学生提供了相当于 9 个月的代数 I 和生物学习时间，为拉丁裔和经济弱势的学生提供了 5 个月的生物学习时间。三是留任时间更长，而且大多数毕业生在贫困社区的学校任教。UTeach 项目的毕业生比其他教师准备项目的教师在教育行业任职时间更长，UTeach 项目的毕业生平均任教 5 年，任教时长是其他途径培养的教师的 3 倍，近 70%的 UTeach 项目的毕业生在贫困社区的 K-12 学校任教。[5]

（二）展开循证研究以实现持续创新

UTeach 项目联合主任、特级教师、学科专家，以及管理人员运用循证研究的方式分析和讨论项目实施以来获得的各项数据资料，借助集体的智慧寻找最佳实践证据，以此提炼经验与反思纰漏，为来年新项目的实施提前做好规划，并不断完善调整课程结构，使之能更好地满足培训要求。UTeach 课程由指导委员会和教师教学团队定期审查，以确保课程结构简洁明确，尽量减少冗余课程，并根据 UTeach 项目的最佳实践证据和联邦政府、州的教学大纲指南的最新动向调整更新课程内容。学生可以通过各种调研为 UTeach 项目和课程提供正式的、匿名的反馈，并有机会在定期安排的意见征集活动中与项目决策者一起交流意见。

UTeach 研究所为其大学合作伙伴托管了一个安全的网站，在该网站上，UTeach 项目复制的许多教育资源，如课程和 UTeach 操作手册，都允许 UTeach 项目的相关人员进行个人访问。UTeach 研究所还为安全网站开发了社交工具来促进持续创新。这些社交工具将允许 STEM 教师和其他参与 UTeach 项目的人员通过讨论论坛进行合作，分享他们改进课程的想法，上传教学材料和教学策略的创新性改编，并讨论不同学区如何依据自身特点对项目进行适度调整优化。

六、UTeach 项目的复制推广方式

UTeach 研究所致力以循证研究的方式改进与推广 UTeach 经验，促进其合作伙伴项目的成功，以及总体改善全美 STEM 中学教师职前培养状况。2008 年 UTeach 研究所开始选择了 13 所综合性大学作为 UTeach 模式复制的试点校。

(一)研发全面复制 UTeach 模式的方法

为了确保 UTeach 模式推广的保真度和长期可持续性的双重目标，UTeach 研究所开发了一种全面的复制方法，分为四个步骤(如图 6-2 所示)。

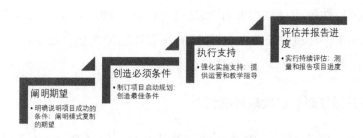

图 6-2　UTeach 项目的复制方法

数据来源：Alicia D. Beth. Replication as a Strategy for Expanding Educational Programs That Work：The UTeach Institute's Approach to Program Replication1. https://institute.uteach.utexas.edu/sites/default/files/UTeach-Institute-Approach-to-Program-Replication.pdf.2011-02.

1. 明确说明项目成功的条件：阐明模式复制的期望

如果一所大学全面了解 UTeach 模式的教学理念和操作细节，它就能更好地准备、实施和维持 UTeach 项目。因此，UTeach 研究所的主要责任是明确阐述 UTeach 项目在得克萨斯大学奥斯汀分校取得成功的基本条件、操作细节和教学内容。

2. 制订项目启动规划：创造最佳条件

Uteach 研究所寻找项目的长期合作伙伴通常从选址开始。任何有意开展 UTeach 项目的大学必须参与一个竞争激烈的招标过程。在此过程中，研究所根据成功实施 UTeach 模式所需的条件仔细考虑每个申请大学的办学条件(例如，充足的 STEM 专业人才储备、大学领导支持、与当地学区建立了牢固的工作关系)，一旦确定大学具备了复制模式的条件，就要为大学制订启动项目的规划。

3. 强化执行支持：提供运营和教学指导

项目规划完成以后意味着项目实施的许多基础性工作都已安排就绪，研究所之后的工作就是为复制 UTeach 模式的大学合作伙伴提供长期的运营和教学支持。为了促进 UTeach 项目持续有效地实施，UTeach 研究所设计了一个综合支持计划，其中包括以下关键组成部分：利用网络工具分享信息；举行线下或线上的运营或教学支持活动；提供必要的技术援助。

4. 实行持续评估：测量和报告项目进度

UTeach 研究所定期通过电话访谈、电子邮件和面谈收集的各类信息来了解其他大学合作伙伴项目的进展情况，并为他们提供形成性的反馈意见。同时，研究所还会采用评估数据为技术援助计划提供可靠的信息支撑。实际上，UTeach 研究所在项目实施过程中扮演着双重角色，不仅为 UTeach 项目实施大学提供技术支持，还要对项目实施质量进行评估。

(二) 建立 UTeach 项目合作的全国性联盟

为了更好地促进全美实施 UTeach 项目的大学之间持续稳定的合作，需要一个全国性的组织机构提供长期性支持，因此 UTeach 研究所倡导成立 UTeach 全国合作联盟。2014 年，UTeach 项目的全国联盟成立，由首批 13 所大学组成 UTeach STEM 教育者协会(简称 USEA)，USEA 联合了所有 UTeach 教师培养项目、

UTeach 校友和其他所有对促进学生 STEM 素养感兴趣的组织。USEA 的执行管理委员会由来自不同大学的 7 名学科专家、特级教师以及协调人员组成，成员任期三年，每年举行三次会议。

USEA 成立的主要目标包括以下三个方面：（1）与其他专业组织合作，在高需求学科中开发特色培养途径并将其制度化。（2）促进成员间项目信息和最佳实践证据的共享。（3）继续推广发展 UTeach 模式以响应联邦和州培养高质量 STEM 教师的倡议。USEA 的工作宗旨就是通过网络、平台和资源，创建一个包含 UTeach 项目和利益相关者的社区，以支持他们在大学、学校和社区中茁壮成长。

第二节　市场介入的 STEM 教师替代性培养路径

20 世纪 80 年代美国各州相继推出替代性教学认证途径（Alternative certification），以应对全国范围内严重的教师短缺问题。尽管高等院校的入学率在过去几十年中有所上升，但事实证明，这些大学生根本没有像以前那样主修教育专业。根据美国人口普查局的数据，早在 1975 年，22% 的大学生主修教育专业，超过任何其他专业选择。然而，到了 2015 年，只有不到 10% 的美国大学生攻读教育学位。[6]虽然高等院校的毕业生比以往任何时候都多，但教育专业的学生数量却在下降，尤其是 STEM 相关学科，如数学、科学等学科临着教师候选人短缺的情形。

虽然选择教育专业打算从教的大学生越来越少，但由于年轻人思想尚未定型，很多时候他们的择业观念会发生改变，毕业后也可能有重新进入教育行业的想法。替代教学认证途径的出现正是为了让这些没有教育学位的毕业生有机会将他们的专业知识和职业经验带入教学行业，以一种绕过传统教育学位的获取方式，提供一种更简短、更密集的教师认证计划，使他们更快地进入课堂以补充教学力量的不足。传统的教学途径需要获得教育专业的学士学位，这是一个需要多年(通常是 4 年或 5 年)学习才能获得的高等教育学位，师范生通过长期的专业训练为课堂教学做好准备，并且这也是获得教师认证的主要途径。

一、替代性教师认可途径实施的时代背景

20 世纪 80 年代初，美国将近90%的师范生在大学教育学院修读本科教育课程，这被认为是教师专业培训的主导模式。然而，1983 年的报告《国家处在危急之中》具体地描述了学校教育质量不高引发的争论，这些争论围绕着高素质教师的缺乏而展开，从而引发了公众对教师培训集中化和标准化的传统做法的质疑。新自由主义的倡导者认为竞争是提高质量的最佳手段，因而美国政府在整个经济领域内采取了更广泛的放松管制举措，以市场竞争方式来激励公共部门提高效率，同时教育领域也出现了替代教学许可的途径，作为一种解制主义的响应，以缓解教师严重短缺的窘况，达成教育公平的问责要求。替代性教学许可途径虽说是政府放松管制的一种表现，实际上也是州和地方学区为缓解 STEM 教师短缺而采取的一种应急措施。

(一)应对教师供应数量严重不足

20 世纪 70 年代以来，美国教师劳动力市场出现供给不足。由于教师职业的薪酬较低，工作条件不佳，从业者缺乏职业升迁的机会，再加上专业人才进入其他行业的机会增多等因素，使得教师行业越来越难以吸引和保留优秀人才，出现了 STEM 教师供给数量不足、教师供给质量不高、教师离职率高等问题。设置替代性教师认证项目的初衷正是为补充教师队伍的数量，吸引优秀人才加入教学行业。

STEM 教师的短缺是由宏观或微观层面的诸多因素共同作用而形成，比如学生入学人数的增多、教师退休人数的增加、教师的流失和班级规模的减少。当然并不是全国所有地区都面临教师短缺问题，例如，美国西北部、东北部、五大湖区和大西洋中部各州的教师供应总体上是平衡的，而落基山地区、阿拉斯加、中西部、西部和南部面临教师短缺问题。中西部、西部和南部的学生注册人数增加从而需要加大教师的供应数量，但东北部的学生人数会减少，教师的需求量也会相应地减少。在高需求的学科领域，57%的公立学校缺乏拥有专业学位的科学教师。简而言之，教师供应/短缺是一个区域性和学科的问题。[7]

尽管每年培养的新教师数量不少，但数学和科学教师却很短缺。数学、科学

教师的离职率高于其他许多领域的教师，科学教师的离职率(15.6%)在任何领域都是最高的，但他们离开教师岗位的原因，根据宾州大学教授英格索尔的调研结果，与其他教师没有太大的不同。"很大一部分人表示他们离开当前岗位是源于个人因素(34%的流动和44%的流失)，还有很大一部分人表示他们离开教师行业是因为对工作不满意，或是为了寻找更好的工作或其他职业机会(40%的数学/科学教师)"[8]。

STEM教师短缺的情况因地区和专业的不同而分布不均匀，在城市和农村地区，数学和科学、英语作为第二语言、双语教育和特殊教育等高需求学科领域，有色人种教师和男性教师短缺情况尤为严重。地方与专业之间也存在一定的相互影响作用。"1993—1994年，富裕社区的公立学校约有92%的教师拥有任教学科的主修或辅修专业学位。相比之下，贫困社区学校约三成教师没有所教学科的专业学位。"[9]实际上，办学条件糟糕的学校即便本地区有过剩的专业资格教师(例如，合格的英语教师)也难以招聘到校。因此，教师供给或教师短缺的真相远比数据表象复杂得多。

英格索尔还发现，公立学校教师流动和流失的主要原因有：低工资、学生纪律问题、对新教师的支持不足以及教师对学校决策的参与不够。通常具有这些特点的学校往往会将教师流失给那些没有这些问题的学校。除了客观条件影响教师的流失外，还有主观因素也影响着教师的流失，例如教师因个人原因离职。替代性教学认可途径只能暂时解决学校教师匮乏的窘况，而要长期留住教师，则需要解决一些根本性问题，例如在教师流失严重的学校中，新手教师的薪酬较低以及学校对初任教师支持不够等因素往往对教师的留任产生很大影响。

(二)满足教育公平的问责要求

美国前教育部长贝尔在《国家处在危急之中》的报告中指出："我们的教育基石正在被一股平庸的潮流冲蚀着，我们国家和民族的未来正面临着巨大的威胁。教育质量应该得到前所未有的关注。"[10]针对此种担忧，强调学术标准的人们认为，公立学校中应该制定较高的课程标准，实行国家或州的统一考试制度，建立以学业成绩为标准的问责制。他们认为通过这样一种方式，可以用学术标准来衡量教育质量的优劣，一方面有助于实现教育公平，另一方面有利于增加教师的供应数量，培养出更多优秀的人才，从而促进国家经济的持续发展。

全面审视美国 STEM 教师短缺问题我们就会发现，在少数族裔、低收入群体聚集的内城区学校以及边远地区，STEM 教师尤其是合格 STEM 教师短缺的问题更加严重。因此美国不少州推出替代性教学认证项目，为薄弱学校输送更多合格的 STEM 教师，以应对教育公平的问责要求。比如，颇具影响力的替代性教学许可项目——"为美国而教"计划的开展就是对教育公平的及时回应，通过为贫困社区以及弱势群体学生提供优质的教学，就可以更好地体现教育的社会价值，促进社会公平。如果一流大学的毕业生在公立学校中进行为期两年的教学服务，他们就能够对弱势群体的学生产生深远的影响，新手教师基于肩上承担的社会责任，会全身心地投入教学工作，尽可能地帮助学生取得成功。

替代性教学认证项目产生的其他原因还包括州政府及学区对传统的大学主导型的职前教师培养途径的不满。政策制定者认为，传统的教师教育充斥着空洞的理论说教，远离课堂教学实践，不利于师范生将教学理论与课堂实践相融合，由此导致学区自行采取培养教师的举措。

(三) 倡导解制主义的教师教育思潮

20 世纪 80 年代初，两股相对的教师教育思潮影响着美国教育改革，一股思潮被称为"专业主义"，由教育领域的学者组成，希望对美国教育实施专业控制（professional control）；另一股被称为"解制主义"，由各级政府政策制定者、商人和部分学者组成，希望对美国教育实施民主控制（democratic control）。解制主义利用"替代性"这个颇令人关注的政治概念，推行一种教师培养的多元化路径，为人们进入教师职业提供另外一种渠道。

加利福尼亚州、新泽西州、得克萨斯州和康涅狄格州是开发替代路线计划的先驱，部分原因是对《国家处在危急之中》报告的反应，该报告建议将应届毕业生、退休科学家和其他具有学科专业知识的人纳入教学队伍。加州教师资格认证委员会（CCTC）于 1984 年在洛杉矶联合学区推出了该州第一个地区主导的实习生计划，被称为教师实习生计划。1985 年，新泽西州开始了一项临时教师计划，以吸引文科毕业生进入中小学教书。休斯敦独立学区于 1985 年启动了得克萨斯州第一个学区主导的替代路线计划。康涅狄格州很快效仿，于 1986 年提出了替代路线计划。

20 世纪 90 年代初，美国越来越多的州开始推出替代性教师培养计划，主要是源于这两大因素驱动：一是学生学习和教师质量标准的提高，二是教师短缺现象日趋严重，特别是在数学、科学和特殊教育等领域，以及区域性配置失衡，如内城区和农村地区教师极度匮乏。尤其是在加利福尼亚州，1997 年通过了《减少班级规模倡议》，短时间之内就产生了大约 1.8 万名小学教师的大规模需求，高等院校的职前培养项目对此迅速作出了回应。STEM 学科的教师通常需求量最大，这使得有过相关本科教育经历的候选人可以更快地通过替代性培训申请。

二、替代性教学认可途径的实施流程

替代性教学认可途径即便是为解决区域性 STEM 教师短缺问题而出现的一种非传统的师范教育途径，但在招聘、筛选与专业培训等步骤上还是严格遵循一套规范的操作流程，试图以培养高质量的 STEM 教师来奠定其在教师教育领域的地位。

(一)招聘与筛选

替代性教师许可途径是非传统教师培养类型的总称，并不是单独指某一具体的教师教育项目。各州和地方学区根据自己的实际需求制定和实施不同的教师教育项目。由于各州和地方学区招募的对象不一样，选拔的标准也存有差异。比如，替代性 STEM 教师许可项目的申请人可以是中途转业者，也可以是提前退休的科学家；上课的时间可能在白天，也有可能在晚上，或者在暑假。各州和地方学区采用了独特的方法来招募教师，吸引某些紧缺学科的申请人（比如数学、科学和特殊教育教师）参与到当地的教师职前培养项目中去。

STEM 教师替代性途径招募的对象大体可以分为四类：(1)中途转行者。(2)优秀的非师范专业毕业的大学生(Teach for America Program，"为美国而教"计划)。(3)有经验、有能力的辅助教学人员(Pathways to Teaching Program，"向教学过渡"计划)。(4)退休成员，包括退伍军人(Troops to Teachers Program，"军转教"计划)。除此之外，许多替代性教师许可项目也积极吸引少数族裔人士选择教师行业，鼓励不同文化背景的人群对替代性教师项目的发展作出各自的贡献。

　　美国各州、地方学区的替代性项目对要招募的人员都有一定的要求。几乎所有的替代性教师教育项目要求申请人最少具有学士学位（见表 6-2 所示）。大多数项目要求申请人拥有工作经验或专业技能。有 2/3 的替代性教师教育项目对申请人曾经学习过的课程有特殊要求，如数学、科学和语文需要最低达到多少分数。有 1/3 的项目对申请人的本科成绩的平均学分绩点（GPA）有最低要求。正如纽约项目的负责人所言，平均绩点并不一定表明申请人是否有能力成为一名有效的教师，对于替代途径项目的申请人来说，最重要的可能是扎实的学科内容知识，以及通过生活经历和工作经验，将学科内容与现实世界联系起来的能力。这些项目的严谨性和快速的节奏要求申请人有高水平的 STEM 专业知识，具备成熟和坚韧的个性，学习风格非常适合实践到理论的培训。

表 6-2　　　　　　　　　　　　替代性项目候选人的招聘和选择

佛罗里达替代项目	持有或有资格获得佛罗里达州教育部的临时教学证书（需要在所需的认证领域获得学士学位）	1. 被地区认定为合格的 HCPS 员工 2. 提交带有招聘负责人签名的项目申请
得克萨斯替代项目	获得 2.5GPA 的学士学位，要求在理想认证领域的课程工作和学期时间，证明阅读、写作和数学能力，3 封推荐信	1. 盖洛普教师洞察力采访 2. 对候选人选择矩阵的得分令人满意 3. 来自奥斯汀独立学区的申请投入
佐治亚州替代项目	1. 平均绩点 2.5 的学士 2. 受雇于公立学校系统 3. 通过或免除 Praxis I 4. 无犯罪背景	1. 论文筛选过程（包括申请审查、简历、2 封参考信、成绩单和"通过"人格测试） 2. 面试 3. 通过有效教学课程的要点 4. 确保教学职位
纽约市替代项目	1. GPA 为 3.0 2. 美国公民或永久居民 3. 英语流利 4. 未完成教师教育项目	1. 提交成绩单、简历和个人陈述 2. 参加面试 3. 文件审查过程 4. 接受区域安置和大学任务 5. 通过两项州要求的考试

　　数据来源：Steven Glazerman（2006）. Alternative Routes to Teaching：The Impacts of Teach for America. Journal of Policy Analysis and Management，25(1)，75-96.

(二)专业素质培训

STEM 教师替代性许可途径的师资培训可以分为两个部分：一是职前的短期培训；二是职后的专业培训，由学校的专业人员进行一对一的辅导，以便申请人能更好地适应教学工作。在职前的短期培训时间里，申请人要学习有关教育学和心理学的各门课程，同时也要学习教学法、课堂管理以及课堂文化这些基本的教师技能知识，以便他们对教师这个职业有一个全面深刻的认识。课程学习结束之后，申请人会被安排进行教学实习，一般是在暑假进行。一些高质量的 STEM 教师替代性许可项目的师资培训会持续 1~2 个月，以纽约的"新教师"项目为例，申请人需要参加为期七周的暑期职前培训，确保申请人拥有足够的教学技能，了解他们将要任教的学校文化和课堂环境。

替代性教师许可项目的申请人通常会参加三种类型的培训：大学的课程学习、暑期课程学习和研讨会(Seminar)。大学课程通常以学分或学时来衡量，而暑假课程和研讨会通常以小时来衡量。比如，阿肯色州的替代性教师许可项目要求申请人在大学里修读两门专业课程，在教学的两年中要继续参加研讨会和暑期课程。

替代性教师教育计划的师范训练更加注重教学的实际问题，而非学科理论知识。如何进行有效的教学，如何顺利地度过教学的第一年是它们关注的重点，这也是替代性教师许可项目与传统的教师职前培养项目最大的区别。传统的教师职前培养更多的是探讨理论知识，比如教与学的理论和哲学。而替代性的教师许可项目则是精简申请人的职前学习内容和缩短学习时间，让他们在实际的教学岗位上边教边学，由实践锤炼出真知。

(三)专业技能评估

1. 培训课程考核

通过替代性路径进入教学岗位的 STEM 教师，跟传统路径培养出来的教师一样，会接受各种考核部门的评估。这样做的目的是，一方面为替代性教师许可项目的管理者提供信息，帮助他们为参与培训的申请人设计更好的学习方案；另一方面也是对申请人进行全面评价，看他们是否具有被授予教师资格证书的能力。

比如，新泽西州的"替代性教师培训项目"规定申请人在当地实习期间，要接受三次学区的评估，三次评估都通过之后，申请人才能获得正式的教师资格证书。

替代性教学许可项目对申请人的课程考核评估主要有三种方式：一是课程学习评估，要求参加培训的候选人参加各种与教学有关的课程、讲座和研讨会，课程结束之后需提交两篇论文，其中一篇要求阐述某一著名教育家的教育哲学，另一篇可根据自己对教学的理解自行确定题目。二是课堂教学评估，相比较课程评估来说，替代性许可项目对课堂教学的评估更重视，评审者认为评判教师的优劣主要考察他在实际课堂教学中的表现。因此，评审者一般会依据特定评价标准来进行评价，使得评价更加客观和准确。比如，加利福尼亚州会根据本州制定的"教师评价标准"来评估教师的课堂教学表现。三是档案袋评估，许多替代性许可项目会使用档案袋对教师进行持续性的评估，主要通过检查教师的教案、教学安排、学生作业和课堂观察记录等进行综合性的评估。

2. 学科知识的测评

STEM 教师替代性项目的申请人首先需要参加普瑞克西斯"学业核心技能"(Praxis CORE)标准化测试。PraxisTM 由各州教育考试服务中心编制，分为"Praxis I"和"Praxis II"，均采用卷面测试的方式。Praxis I 考查基本知识技能，包括阅读、写作和数学，Praxis II 则考查综合性学科知识技能。例如，技术教师的 Praxis II 测试中，"工程/技术设计与问题解决"以及"教学与专业研究"为考查重点(内容各占比 20%)，"信息通信技术""制造与建筑技术""能源与交通技术"以及"技术与社会文化"等内容各占比 15%。

三、替代性教学许可途径的主要特点

替代性教学许可途径培养 STEM 教师是对传统大学主导型培养模式的一种补充，既有助于地方学区和中小学选拔到具有扎实学科知识的人才充实教师队伍，又能为高需求学校的教师短缺问题提供快速的解决方案。替代性途径与其说是对国家集中控制教师教育局面的一种突破，更多是一种州与地方学区为解决教师短缺问题而采取的一种实用主义举措。在褒贬不一的争议声中从最初的临时性或紧急性教学许可证书颁发途径已经逐步发展成为一种具有广泛影响的教师职前培养方式，为美国中小学培养了数以万计的 STEM 教师。20 世纪 80 年代兴起的替代性教学许可途径如今已经走过 40 多年的发展历程了，并在逐步发展完善的过程中形成了如下一些特点：

（一）采取广泛招聘与严格筛选的策略

鉴于美国劳动力市场对 STEM 学科领域教师的巨大需求，替代性教学许可项目以一种快速简捷的方式吸引更多专业人士进入教育行业。大多数替代性项目的招聘工作针对的是那些已经精通专业知识的申请者，因为他们已经学习过相关学科内容，并且一直在该专业领域工作。这类候选人包括许多职业生涯中期的专业人员和提前退休的人员。这些有针对性的招聘方法反映在许多替代途径项目的使命声明中，例如，佛罗里达州希尔斯伯勒县的替代性项目的宗旨就是，"扩大教育工作者群体规模，致力于提高学生成就和提供高质量的教育机会"。纽约市的替代性项目也基于如下前提假设，即"有大量的人才选择了替代性教学许可的职业途径，他们有能力并有兴趣成为优秀的教师"。替代性项目在试图广泛招聘人才的同时，也会对候选人进行必要的筛选，确保那些进入替代路线项目的人拥有必备的知识、技能和个性，以迅速成为有效的教师。

1. 采取广泛的招聘方式

替代性途径为了吸引更多专业人士补充 STEM 教学力量的不足，通常会采用了口碑宣传与广告宣传的方式，通过成功转行的教师范例的现身说法吸引更多效仿者，或者是利用各种新闻媒体以大幅广告方式引起公众注意，比如纽约市利用一场平面广告宣传活动来激励厌倦职场竞争的专业人士转行成为 STEM 教师。地铁海报向精疲力竭或失意的专业人士发送煽动性的信息。"厌倦了收益递减吗？""投资于纽约的孩子们"。新闻报道也被证明是替代性项目宣传的福音。例如，当《纽约时报》刊登了一篇关于该地区教师替代路线计划的报道之后，激发了专业人士的转行兴趣，接下来的 6 周内收到了 2100 多份申请。

招聘信息咨询会议和招聘博览会也可以让感兴趣的人了解替代途径流程。信息咨询会议帮助潜在的申请人自我选择，尽早认识到自身的知识技能是否满足替代性途径的具体要求。希尔斯堡项目每年夏天都会举办两个大型的招聘博览会，吸引着为数众多具有转行意愿的专业人士参加了这些会议。在纽约，申请截止日期前的信息咨询会议为那些考虑申请该项目的人提供机会与正在参训的候选人、项目招聘人员和其他参与替代项目的个人进行面谈。咨询会议包括项目概述、来自当前参与者的推荐信，以及由候选人和招聘人员主持的问答环节。

2. 确立严格的筛选标准

高质量的 STEM 教师替代性教学许可项目通常会有严格的筛选过程和筛选工具，以帮助项目工作人员确定哪些申请人更有可能在课堂教学和项目培训上顺利过关。前文提及的六个替代路线项目都有一套独具特色的筛选程序，首先是申请人的就业安置要求，有些项目要求申请人在合作地区任教，或者依据申请人项目参与情况来提供工作安排。其他项目则接受培训结束后自己寻找职位空缺的候选人。还有一些项目直接与各地区合作，作出筛选决定，其目标是填补长期存在的教师空缺。无论使用什么方法，替代性项目都必须与它所服务的学区有良好的关系。项目管理者必须安置好优秀的候选人，否则，他们就不能建立必要的信任来维持这个项目。成功的安置也是建立声誉的关键，同时也会带来非常理想的口碑宣传。

纽约项目通过严格的筛选标准将每年约 1.7 万名申请者缩小至约 1900 人。符合第一种基本要求的申请人将被邀请报名参加一个为期四小时的面试，与训练有素的筛选者进行 4 小时的互动。在互动过程中，申请人会教 5 分钟的样本课，制作 20 分钟的写作样本，并参加 20 分钟的一对一面试。写作样本，例如一封家长信，旨在考验候选人的批判性思维和解决问题的能力，以及沟通技巧。一对一面试为候选人提供一个机会，让他们进一步探讨试讲课程或写作样本，并提出额外的问题，以便筛选者能够给出明智的建议。

筛选者写一份总结，并给面试的每个候选人打分。在通过互动筛选的申请人中，大约有 45% 是由筛选者推荐的。申请过程的最后一步包括由项目工作人员和有经验的筛选人员对申请人资料的额外审查。在资料审查过程中，大约 10% 申请人在资料审查过程中被淘汰。[11]

在得克萨斯州第十三号地区的职前培养项目就使用了一个多阶段的选择程序。满足本项目基线要求的申请人将参加一个高度结构化的面试，即盖洛普教师洞察力，通过在线形式来完成。替代性项目的项目负责人为候选人确定一个总体分数，包括盖洛普面试结果、总体平均成绩、课程工作平均成绩、来自申请人推荐的信息，以及其他评论和观察。最终的测评分数结合十三区的教师供应需求，决定了哪些人申请人适合参与该项目。

(二) 创建多部门参与的协调决策机构

STEM 教师替代性教学许可项目成功运营的关键是需要有一个睿智精干的领导班子，不仅清楚社区学校的教学需求，而且成员之间能够集思广益商讨如何解决这些需求。领导班子也知道何种学习体验会使职前准备项目连贯运行，以及如何满足候选人的个人需求。由于大多数项目是多部门参与的合作伙伴关系，领导班子必须创建一个信息共享和需求回应的决策结构。替代性项目涉及多个学校管辖区，通常项目中心将大学或其他实体机构纳入其领导组织结构。例如，得克萨斯州和佐治亚州的项目都有设置区域服务中心。纽约、加州奇科和堪萨斯威奇托也有稳固的大学合作伙伴关系。每个合作伙伴计划的相关政策都是由参与的多部门联合制定，每个合作伙伴都以特定的方式为项目实施作出贡献。例如，在加州奇科，合作大学为候选人提供电视直播或网络课程、区域监督和专业课程。合作的当地学校则保证候选人每年有 10 天的带薪假来上课。该州的教师资格认证委员会和联邦特殊教育和康复服务办公室提供资助候选人的学费、导师和候选人顾问的服务，以及项目协调和评估。奇科项目负责人定期收集和分析数据，并向具有广泛代表性的咨询委员会提出项目微调的建议。

替代性项目需要应对不断变化的地方需求，为了确保项目运营的持续性，项目实施机构会不断地反思如何最好地满足候选人和地区的需求。替代路线项目管理者的目标是促成课程工作和支持服务的巧妙结合，使项目具有连贯性和灵活性。

(三) 保持传统标准与结构创新的平衡

替代性教学许可途径虽然是以一种精简版的师范训练方式来为教师候选人提供专业培训的机会，但是在学术质量上还是依然坚持传统的认证标准。

1. 坚持传统学术标准

与传统的职前准备项目一样，替代项目必须确保候选人获得课堂教学所需的能力，并满足州的认证要求，顺利通过认证程序。替代性项目的设计，即从候选人通过职前培训、课程工作和在职实践提供咨询必须依据州的认证要求，包括资格认证、教学专业标准，以及 K-12 学生掌握的学术内容标准。

为了将州的认证标准贯彻到培训过程的每一个环节，得克萨斯州的替代性项目利用格兰特·威金斯和杰伊·麦克蒂伊的"逆向设计"原则和工具，完成了一系列培训内容再开发过程。首先根据州的标准来确定候选人必需的知识技能。然后，确定候选人必须提供证据来证明他们是否符合州标准。项目主任说，在开发学习内容的过程中，项目工作人员对州的认证标准有了更深入的了解，因此，在与候选人合作方面也更有效。

奇科的项目负责人将认证标准描述为项目参与者使用的共同语言。每个候选人的个性化计划都规定了通过哪些课程或活动可以达到哪些标准。同样地，候选人的课程计划也必须符合教学标准和学生的标准。他们的档案袋和反思日志是围绕标准来确定哪些问题需要解决，哪些事项需要说明。每个主管查看候选人的网站时，讨论的重点是当天的课程教学遵循了哪些教学标准，以及还有哪些不符合教学标准的行为需要作进一步调整。

2. 寻求结构创新

尽管替代性项目依照传统的做法遵循州认证标准，但候选人选择何种方式满足这些标准可能存有很大差异。替代性项目的培训周期从一年到三年不等，项目初期基本上是几天到几周的职前培训，之后候选人担任固定的教学职位。候选人在培训过程中可以获得结构化的服务支持，一般在晚上和周末参加课程学习。每个项目的结业目标都是通过教学资格认证。纽约的替代性教学认可项目的候选人还可以获得硕士学位。

替代性项目的职前培训，不管持续时间长短，都侧重于课程工作与课堂教学的基本内容，比如乔治亚州替代性项目长达 80 小时的强化课程，指导候选人学习课程规划、教学、评估和课堂管理方面的最佳实践，并为他们提供现场经验和课堂观察。候选人还可以了解教师的角色和责任、教学道德规范、特殊教育以及与家长沟通的基础知识。

纽约教学人员替代性项目为期 7 周的暑期职前培训包括课程工作和学生教学，以便为候选人提供机会攻读 11 所合作大学中的硕士学位课程。职前培训经历包括候选人完成 90 小时的课程工作，还有 80 小时的学生教学工作。每天课程结束后，大约 30 位参训者与教学顾问展开会谈，这些会谈以小组形式展开，整个暑期的会谈时间大约为 75 小时。[12]教学顾问都是出色的 STEM 教师，而且相当熟悉替代性认证的程序以及具备与成年人合作的技能。

(四)运用形成性评价以促进个性化发展

替代性项目通过对每个候选人进行持续评估来了解个人需求。这种评估方法模拟了候选人对自己学生进行的评估。一般来说，它包括项目运营服务的提供者和负责人的正式和非正式观察，以及候选人在项目过程中形成的个人档案。

替代性项目一个关键的评估工具是使用档案袋，如前所述，这些档案袋同时用于形成性评估和总结性评估。乔治亚州项目的档案袋需要候选人积累证据来证明 24 项能力的熟练程度。例如，为了展示计划和准备的能力，档案就要包含课程计划和图形组织者。展示创建一个适当的教室环境的技巧需要视频剪辑和教室平面图，候选人会为每种能力收集 3~4 个样本证据。

考虑到创建这些档案袋所花费的时间和精力，乔治亚州的项目在评估它们时非常谨慎。该项目只雇用了一个兼职主管来负责这项工作。评估者使用每种能力标准为候选人提供反馈，并向项目协调员提交工作记录。当候选人支持团队的所有成员都同意候选人精通所有 24 项能力时，他们各自签署一份能力完成表，并将其与明确的、可更新的认证建议一起提交。

在乔治亚州、希尔斯堡和奇科，档案袋记录了候选人在培训过程中参照州标准的能力增长变化。作品集也被用作自我反思的工具，并与学生的学习挂钩。例如，在奇科，候选人的作品集包括学生的个性化课程计划的样本，课程计划是候选人在分析学生形成性评估数据的基础上形成的，然后由主管、导师和雇主学校进行评判。在乔治亚州，视频剪辑录制了候选人的课堂环境和教学情况。希尔斯堡项目还有一个特别详细的评估指标，以持续了解候选人的培训表现并提供即时的反馈。在整个项目运行过程中，能力评估的最终鉴定结果通常由项目提供者、雇主和课程讲师共同作出。

加州教师认证委员会的顾问迈克尔·麦基宾，负责加州的替代性项目，他指出了传统职前准备和替代途径教师准备的评估之间的关键区别。他认为，在传统项目中，当某个师范生意识到他或她不能完成一项技能或任务时，就已经太晚了。而替代性项目评估的好处是，表现评估通常是在相当长的时间段内持续进行，这样就可以采用补救和改进措施，以保证质量监控的效果。

(五)注重课堂观察与现场指导相结合

替代性项目主要着重于培养候选人的教学技能与课堂管理能力，因此，观摩指导教师的课堂来获取相关的教学技能则是促进其专业能力提升的一种有效途径，而且候选人在完成培训所要求的课堂教学工作时也需要指导教师进行观察，并针对其现场教学表现提出建议指导。

1. 课堂观察

替代性项目都包括直接和间接的支持。直接的支持来自课堂观察的形式，由项目(或大学)主管，导师(通常是一个经验丰富的老师)，或学校管理者，如校长，与项目合作伙伴提供直接的专业支持。间接支持则是为候选人在完成课程工作或教学实践时提供的辅导或支持。在乔治亚州，导师经常进行课堂观察，为候选人提供反馈信息，并通过指导和展示来提供课程样板。导师有时候还安排候选人到其他教室去参观和观察。

替代性项目开展的正式观察都伴随着导师与候选人参与的研讨会议，通常还有书面反馈。得克萨斯州第十三区的替代性项目有意识地强调形成性观察，即不用评估的课堂观察。然而，大多数项目将正式的观察作为教师认证所需的总结性评估的一部分。例如，在威奇托市，教学认证需要导师和管理员的课堂观察结果，导师使用根据课程开发协会出版的专业实践量表改编的观察表进行测评。

在希尔斯堡，指导循环是该项目的关键。由于候选人可以在一年中的不同时间参加，因此该项目在三个周期的课堂观察被设计成一系列观察和指导"循环"。例如，在第 1 至第 2 周内，服务提供者、候选人、项目管理员会召开一次观察前会议，安排观察时间，并向候选人介绍佛罗里达州的绩效测量系统工具。课堂观察将基于佛罗里达州教育工作者的成功实践，管理者将使用该测量工具来评估候选人的课堂实践。同时候选人也对教学能力进行自我评估。在进行初步观察后，管理者和候选人与一名训练有素的同行教师一起，制订一份行动计划，以确定解决尚未达标能力的方法和时间线。该计划指导后续的观察和会议，并在每个循环结束时进行更新。

希尔斯堡的三个循环观察和指导系统，包括 10 项观察，其中 3 个是正式的观察。候选人和学校导师在每个循环会为候选人制订一项行动计划来解决没有掌握的能力领域,这个循环内的观察主要集中在那些目标领域。例如,在第一个循环的特定几周内,学校导师需要进行至少两次观察,以解决候选人尚未掌握的能力,同时也会留意候选人是否需要在熟练程度方面继续提高。

2. 现场指导

替代路线项目全方位关注候选人的现场教学表现。传统的项目强调知识的获取,希尔斯堡项目的协调员说认为替代性项目是基于技能的培训。在整个实习过程中,候选人需要观察课程工作中的知识是否正在转化为一种技能。这种差异在六个项目中都很明显。候选人是课堂教师,完全负责学生群体的教学,其表现需要持续进行监控,教学需要回应学生的需求,同时候选人也有机会重试教学策略和重新安排教学材料。如前所述,这种支持性评估使候选人在维持生计的同时也能不断获得专业成长。

虽然项目主管将课堂实践建立在课程工作的基础之上,但现场导师被候选人称为"宝贵的建议提供者",对日常培训的持续进行至关重要。替代性项目非常关注导师的选择和培训,为导师提供津贴,并让导师了解项目实施机构对他们的期望。得克萨斯州项目的导师由校长亲自挑选,并由第十三区进行培训指导,了解导师必须具备的专业素质。导师参加由第十三区教育服务中心提供的 15 个小时的专业发展课程。导师和每个候选人必须在学年内完成六次观察。十三区建议候选人观察导师三次,导师观察候选人三次。此外,两人还得至少举行四次讨论会。乔治亚州项目的导师本身就是在职的专任教师,在指导候选人之前也需要接受指导和沟通方面的培训。导师在第一年至少为每个候选人提供指导 100 个小时,在第二年至少提供 50 个小时指导。导师的职责之一是通过提供基于丹尼尔森框架的反馈,贯穿项目始终为候选人提供支持。

四、替代性教学许可项目的成效反馈

根据国家教育信息中心的数据,1983 年,美国只有 8 个州提供替代性教学途径(通常最初仅限于紧急教学许可证)。2003 年,46 个州和哥伦比亚特区报告称,除了传统的经批准的大学教师教育计划路线外,共有 144 条替代性路线。2010 年国家教育信息中心的数据显示,自 1985 年以来,估计有 20 万人通过替代途径教学认证，在过去五年内每年约有 25000 人通过这些途径获得教学认证。而在 2019 年，几乎所有州都允许实施替代性教学许可证项目。[13]据美国进步中心提供的信息，2019 年，75% 的教师候选人通过传统的大学师范教育获得教学许可证，剩下的 25% 教师候选人则是通过各州替代性途径获得教学许可证。[14]替代性教学途径实施以来，不管外界如何评价，它至少取得了如下成效。

（一）满足了候选人的培训需求

替代性项目为了确定候选人的需求，通常在职前培训早期就会以调研方式了解候选人的参训体验。例如，在纽约，候选人完成了一项"体温计"调研，这是一项在线调查，要求他们评估前三周的职前培训效果，包括课程内容和咨询时间。工作人员会依据调研结果跟进候选人，并做出相应的调整，以便在培训后半段时间内改善他们的体验，后续调查信息还可以测评调整后的培训效果。奇科项目候选人会被要求填写入职前问卷，以便工作人员了解他们的经验和特点。然后，讲师在每门课程开始之前对候选人进行需求分析，以帮助他们量身定制个性化教学计划。每门课程结束后，候选人都会反馈意见让讲师知道课程在提高熟练程度方面如何满足了他们的需求。得克萨斯州的第十三地区在项目结束时会对候选人进行广泛的调查。调查的问题包括项目的整体表现、培训的质量、来自导师和主管的支持水平，以及候选人对未来的期望。

替代性项目还会调查候选人毕业后聘用他们的雇主学校。收集到的关于候选人和地方学区需求的数据被用于不断改善项目的各个方面。例如，当威奇托市的候选人报告说，他们非常重视参训者提供的教学反馈，并希望更多候选人参与课程培训的反馈，该项目增加了支持参训者观摩课堂的次数。大多数候选人每学年至少接受 10 次课堂观察，并从项目中心得到书面反馈。该项目还通过购买新技术来解决候选人的后勤服务问题，该技术允许远程站点的候选人通过多媒体视频参加课程反馈，而不是驱车数百千米去某所学校实地观察课堂。

衡量替代性途径成功的主要标准是项目完成率。奇科的候选人留存率从 1999—2000 年完成该项目的累计人数的 86% 上升到 2003—2004 年的 91%。[15]项目负责人认为，他们专注于收集数据并对这些数据做出回应。奇科的评估者指出，需要注意的是，这些数据不仅仅是定量的评分，还有定性的观察记录。每节课结束时的调查结果不仅包括候选人对课程的评分，还包括他们与课程体验相关的言语和情绪。教师在课程的多个点看到学生的及时反馈，并使用这些反馈进行调整。协调员也会查看所有的反馈，并定期讨论课程实施需要调整的问题。

替代性项目还为候选人提供个性化的培训方案，比如在奇科，个性化的方案从每个候选人的个性化入职计划（IIP）开始。每个 IIP 都是由项目主管开发，是一份详细的个人发展路线图，记录候选人的目标，并跟踪实现这些目标的行动计划。候选人还签署了一份课程合同，该合同将转发给大学的证书分析师以提供合适的建议。希尔斯堡和佐治亚州的项目也为候选人提供个性化的培训方案，与奇科一样，候选人的入职培训计划是根据他们的特定背景和经验量身定制的，并随着时间的推移进行调整，以满足特定的个人需求。

（二）回应了合作学区的人才需求

替代性项目很多时候是为了回应地方学区对于 STEM 教师短缺的需求，缓解内城区和农村地区的高需求学校 STEM 教师短缺窘况，充分利用本地资源来增加 STEM 教师的数量。通过招聘比一般的传统认证教师更聪明、更富有行业经验的 STEM 专业人士来充实教学队伍，以减少对临时教师或兼职教师的依赖。事实上，大多数替代路线的教师准备项目是针对特定地点的人才需求。与传统大学主导型项目不同的是，替代项目往往由地方教育机构以伙伴关系推出，目的是采取多样化途径为 STEM 教师培养做好准备，以满足当地学区的教师需求。根据美国国家教育统计中心（NCES）覆盖 2015—2016 学年的一项调查，大约 18% 的公立学校教师，67.6 万人通过替代认证项目获得了教师执照，比 2011—2012 学年要高，当时是 14.6% 的公立学校教师通过替代途径进入教学。[16]

替代性项目需要进行多层次的需求评估，以便满足合作学区和其他地方利益相关者不断变化的需求，例如，奇科定期从广泛的信息提供者中获取信息。这些信息提供者有顾问委员会，其成员包括当地学校官员、家长和来自当地特殊教育机构的代表，密切关注该地区的 STEM 教师供需动向。当然关于项目运营更详细的信息来自项目主管，因为他们经常与学校和学区办公室的管理人员保持联系，合作伙伴之间的协调会议经常导致项目进行调整。此外，一些大学的兼职教师也是公立学校的教师，提供了关于学校层面人才需求的反馈。而且，由于项目负责人一直负责经费调拨，经常调查和访谈各类学校管理人员，可以为项目实施机构提供人才需求的最新数据。

正如前文已提及，STEM 教师短缺更多时候是区域性短缺，例如，在内城区和农村地区，对数学、科学和特殊教育教师的需求仍然很高。地方学区推出的替代性教学职位项目是针对特定学科的候选人，这意味着参与培训项目的申请人都是定向培养，学区与学校通常会为候选人提供职位安置计划。

(三) 促进了学生 STEM 学业成绩的提升

替代性途径不仅为职场遭遇瓶颈的专业人士提供了转换职业的机会，还满足区域性人才配置的需求，缓解部分学校 STEM 教师紧缺的窘况。因此，替代性项目在吸引符合其标准的专业人才方面取得了较大成功。自 20 世纪 90 年代该项目开始运营以来，已有 1 万多名替代性教师指导了 150 多万名学生，进入 21 世纪以后，替代性教师队伍更是迅速扩张。以"为美国而教"项目为例，从 2000 年到 2003 年，替代性途径的申请人数增加了近 4 倍(从 4068 人增加到 15706 人)，新教师候选人的人数几乎增加了 1 倍(从 868 人增加到 1656 人)。[17]2004 年，该项目为 22 个城市和农村地区培养了大批替代性途径的教师，而在 2000 年，该项目的教师安置区域只限于 15 个地区。

替代性途径为美国中小学输送了大量 STEM 教师，美国社会各界人士在目睹替代性教师规模逐步扩张的同时，也有些许担忧，那就是替代性途径培养教师的质量是否同样可靠。这些由替代性途径培养的 STEM 教师是否为学生提供了优质的教学，促进学生在不同学科的学业成绩提升。由公共政策分析和管理协会提供的 2006 年报告《教学的替代途径：为美国而教对学生成就和其他结果的影响》，该报告了一项随机实验，以研究替代教师准备计划"为美国而教"(TFA)对学生成绩和其他方面的影响。结果发现，替代途径教师对数学成绩有积极的影响，而对阅读成绩没有影响。对数学成绩的影响大约是标准差的15%，相当于大约一个月的教学时间。研究没有发现对学生其他方面产生影响，如出勤晋升或纪律事件，但替代途径教师比同龄人更有可能报告学生行为问题。研究结果与那些允许教师绕过传统的课堂路线会伤害学生的说法相矛盾。

2016 年 8 月，美国教育部的有效教育策略资料中心(What Works Clearinghouse,

WWC)确定了 7 项有关替代性项目——"为美国而教"(Teach for America, TFA)教师培训的研究,研究范围包括教师培训、评估和薪酬主题领域,并符合 WWC 小组的设计标准。三项研究完全符合 WWC 组设计标准,四项研究比较符合 WWC 组设计标准。这些研究选择了 Pre-K12 年级的 65324 名学生为调研样本,他们来自地理位置不同的州和地区。WWC 认为,在两个学生成果领域(数学成就和英语语言艺术成就)中,经过替代性途径(TFA)培训的教师对 K-12 年级以前学生学业成就的证据程度属于中等偏大(大样本的多项研究结果,证据更有说服力),而在两个学生成果领域(科学成就和社会研究成就)中的证据程度属于小样本(小样本的单项研究,证据可靠性小一些)。在另外两个学生成果领域和 11 个教师成果领域中,没有符合 WCC 小组设计标准的研究。这些循证研究发现,替代途径教师对数学成绩有积极影响,对科学成绩有潜在的积极影响,对社会研究成绩和英语语言艺术成绩没有明显影响。

(四)促进 STEM 教师队伍多样化

替代教师项目的明确目标是,通过招募更多的男性和少数民族人加入教学队伍,使教学队伍多样化,增加代表不足的少数族裔教师的参与。在 2015—2016 学年工作的 380 万公立学校教师中,约有 67.6 万(18%)通过认证途径进入教学。与那些通过传统路线进入的教师相比,替代路线教师的比例是黑人(13%对 5%)、西班牙裔(15%对 8%)、两个或两个以上的种族(2%对 1%)和男性(32%对 22%)。[18]传统的认证途径通常需要获得高等教育学位,但许多替代途径项目是为那些已经在不同领域完成专业学位课程学习而没有经历教师教育训练的个人设计了快速轨道。通过替代途径进入教学行业的从业者可能对劳动力市场的教师供应产生重要影响,特别是美国教育领域当前面临着教育类学士学位和硕士学位获得者数量减少以及某些学科类别的教师持续短缺的情况下,替代性途径培养的教师是对劳动力市场人才紧缺的一种有效补充。

2015—2016 年,公立学校教师中通过替代性途径进入教学的少数族裔群体的教师比例普遍高于通过传统途径进入认证的教师比例。西班牙裔为 15%、黑人为 13%、两个或两个以上种族家庭的子女(2%)和美国印第安人/阿拉斯加原住民(1%)的替代路线教师的比例高于传统路线教师的比例(分别为 8%、5%、1%和不到 1% 的一半)。[19]

相比之下，替代路线教师中白人教师的比例 (66%) 低于传统路线教师 (83%)。亚裔替代路线教师的比例 (3%) 与亚裔传统路线教师的百分比 (2%) 没有显著差异。在替代路线和传统路线的教师中，太平洋岛民和美洲印第安人/阿拉斯加原住民的教师比例不超过 1%。2015—2016 年，替代性途径教师和传统途径教师的性别分布也存在差异。替代途径教师中男性教师的比例 (32%) 高于传统途径教师 (22%)。

替代教师认证自 20 世纪 80 年代在美国部分州县试点运营以来，经历了 40 多年来的不断探索发展，现在已成为美国社会普遍认可的一种教师职前培养途径，其主要促成因素有如下几个方面：招聘聪明有为的 STEM 毕业生从事教学，而不遵循传统的认证途径，减少对紧急认证的依赖，打破传统教师认证项目的垄断；允许校外机构，如基金会和企业加入教师准备行列，放松对教师准备工作的管制，缓解传统教师培养途径供应不足的窘况，以满足内城区、农村学校对 STEM 教师的高度需求，为学生提供高质量的 STEM 学习机会。

第三节　学区参与的 STEM 教师驻校培养路径

美国的 STEM 教师主要是由大学主导的教师教育机构来培养，STEM 学科的本科文凭外加一至二年的师范教育训练，目的是要选拔优秀的专业人才来填补教师职位的空缺。替代性教师培养途径虽然能暂时缓解教师短缺问题，但其师范训练的不足也时常为教育学界所诟病。大学主导模式与替代性培养途径凸显了高等教育机构与民间教育培训公司在教师教育领域的不可或缺性，却无法体现中小学教育机构的直接主管领导——地方学区在 STEM 教师培养领域的重要性，因此，自 21 世纪以来，美国的地方学区也开始纷纷加入 STEM 教师培养的联合系统，与大学、中小学合作培养 STEM 教师，尤其针对传统模式对师范生临床实践能力重视不够的积弊而实施一种浸入式的驻校培养模式。

一、何谓教师的驻校培养？

教师驻校培养 (Teacher Residencies) 的理念主要借鉴医学院培训医生的方法，

以住院医师培养为例，实习医生需要在高度监督的环境中完成规范化的临床实践，由专家医生指导其完成病人的基本治疗工作，并在实践中运用所学的知识。驻校教师也基于同样的前提：师范生需要在真实的课堂环境中进行教学，在专家的指导下获得实践教学经验。

在某种程度上，驻校教师的设计思路来自 20 世纪 60—70 年代开始的教学艺术硕士项目，由联邦政府资助精英型大学在教师职前培养方面采取的一个创新举措。哥伦比亚大学、哈佛大学、斯坦福大学和芝加哥大学等机构启动了为期一年的教师职前培养项目，大学选派师范生去中小学接受资深教师的教学实习指导，与此同时，师范生还需要参加大学的课程学习。为了确保此类项目的顺利实施，联邦政府提供了经济援助来抵消这些教师职前培养项目的成本开支。尽管之后联邦援助已经大幅减少，但这些项目至今仍在继续，而且还为之后驻校模式的启动提供某些参照。第一个教师驻校项目始于 2001 年的芝加哥，当时教育机构、商业组织和社区领袖采用驻校模式作为芝加哥公立学校招募和留住高质量教师的解决方案。两年之后，波士顿和丹佛也相继推出驻校项目。2004 年，这三个驻校教师培训中心形成了一个非正式的伙伴关系，分享最佳实践并相互学习，这个合作团体之后发展成为国家驻校教师中心（National Center for Teacher Residencies，NCTR），目前是一个拥有 23 个驻校教师项目的合作网络，该中心将自己定位为美国唯一致力于发展、启动、支持和扩大驻校教师项目影响的组织机构。

NCTR 对教师驻校培养模式作出了明确界定：通过将课堂体验与学术课程紧密结合，为职前教师提供严格的全年课堂学徒制培训，驻校教师与驻留地区中小学的指导教师共同工作一整年来学习如何教学。教师驻留项目通常要求候选人承诺在学校任教至少三年。驻校项目在解决贫困社区的教师招聘与保留问题，以及为普通学校招募急需的学科教师方面发挥了重要作用。自 2007 年以来，NCTR 已启动 46 个驻校项目，毕业的驻校教师指导的学生数已达 39.5 万人。[20] 如今在美国中小学普遍缺乏 STEM 师资的情况下，驻校培养又成为美国教师培养机构与地区中小学合作培养 STEM 师资的一条重要渠道，采用沉浸式的教学实习与经济激励的方式吸引更多优秀人才投身于 STEM 教育领域。在 NCTR 合作伙伴计划中接受过培训的驻校教师中，21% 的人准备教授 STEM（其中数学教师为 8%，科学教师为 6.8%）。[21]

二、STEM 教师驻校培养的现实意义

驻校培养实际上是以一种创新的方式来增加 STEM 教师的有效供应，缓解美国中小学普遍面临的教师短缺问题，同时也试图克服 STEM 教师传统培养模式的不足，为师范生将学科知识与现场教学相结合提供一个演练场所，使得新手教师在入职初期能得到专家教师的示范指导，丰富教学实践经验，增强专业执教信心。

(一)缓解 STEM 教师储备不足的困境

美国的科技创新和经济繁荣需要有一个强大的 STEM 人才储备库加以支撑，但是目前由于缺乏高素质的 STEM 教师，儿童在学校获得优质 STEM 学习体验的机会不够充分，从而无法激发他们对 STEM 的职业兴趣，使得未来 STEM 领域的专业人才供应难以有效满足社会经济发展需求。

当下美国公立中小学 STEM 教师储备至少面临着以下几方面问题：一是 STEM 教师储备人数总体面临不足，尽管美国政府这 30 年来未曾放松对 STEM 教师的重视与培养，但面对美国社会对 STEM 人才的高需求趋势，STEM 师资仍有较大缺口。美国教育部 2017 年公布的全国教师短缺地区报告显示，2017—2018 学年 44 个州(86%)缺乏科学教师，48 个州(94%)缺乏数学教师。[22] 美国超过一半的学区报告说，他们很难招聘和留住合格的 STEM 教师。在亚利桑那州，STEM 教师的短缺现象贯穿了整个 K-12 教育阶段，而且 STEM 核心科目(如数学、科学、生物学和化学)的课程缺乏优质教师，比如，只有 20% 的八年级学生的数学老师拥有数学学科背景(全国平均水平为 31%)。事实上，教师短缺不仅带来 STEM 教育质量的下降，而且还导致 STEM 学习机会的减少。二是贫困社区学校的 STEM 教师流失严重，美国教学和未来教育委员会的调查显示，"在教学质量低、教学资源匮乏的低绩效学区，STEM 教师流动率很高，约 30% 至 50% 的新教师在 5 年内离职"。[23] 因此，贫困社区学校的学生经常面临教师流失带来的课业学习中断，这不仅削弱了学生学习 STEM 的兴趣，最终还会影响到学生的学业成就。三是 STEM 教师群体中少数族裔教师的代表性不足，美国公立中小学 STEM 教师中少数族裔占比偏低，在 2017—2018 年度，初中、高中数学和科学教师的

人口统计特征在种族和民族的多样性方面低于美国学生群体，大约80%的数学和科学教师是白人，约7%为黑人，8%是西班牙裔。相比之下，美国公立学校学生中48%是白人，15%为黑人，27%是西班牙裔或拉美裔。[24]研究表明，拥有同种族的STEM教师可以鼓励更多代表性不足的少数族裔学生参加STEM学习，比如黑人、西班牙裔以及美洲印第安人在STEM学习中，如果至少有一名同种族教师时，则学生的出勤率会更高，辍学率则更低，同时成绩测试表现通常会更好。

（二）弥补STEM教师传统培养模式的不足

美国STEM教师职前培养主要有两种形式：一是通过大学接受正规学历教育获得学位并取得教师资格证，这是一种占据主导地位的教师培养方式，美国大学向K-12阶段公立学校输送了70%~80%的STEM学科职前教师。二是通过替代性认证计划取得教师资格。据国家科学与工程统计中心的数据，"全美24%的数学教师和30%的科学教师通过替代性途径获得认证进入教学行业"[25]。目前美国大学可以提供1200多类教师教育课程，同时也有130个替代性资格认证途径。但传统的大学职前准备项目经常因在学术和理论上关注临床经验机会不够而受到批评，而其他的替代性认证途径则被批评专注于"通过做中学获得工作经验"，理论基础有限，很少或没有机会让教师候选人接受指导性教学，向专家教师学习，获得良好的实践经验。上述对于两种教师职前培养方式的诸多批评，就导致了美国政府在两种模式之外寻求一种新的途径——驻校培养，从而开辟STEM教师培养的第三条道路。

驻校培养作为教师职前准备的第三条通道，可以弥补传统大学培养模式与替代性认证资格中理论与实践难以有效结合的不足，采用深度参与的教学实习模式，将大学课程理论学习与中小学实践教学同步结合起来，为师范生提供理论与实践相融合的学习机会。

三、STEM教师驻校培养的实施过程

STEM教师的驻校培养是一项多方利益主体参与的联合行动，它需要合作伙伴持续沟通协调，为项目的顺利实施提供人员与物资方面的保障。驻校培养的具体实施过程（见图6-3）包括驻校师范生申请人的筛选、驻校期间培训内容的确

定、教学实践导师的选拔、驻校师范生同伴互助关系的建立以及驻校期间的财政激励措施。

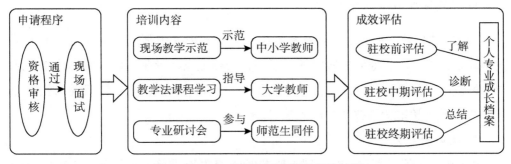

图 6-3　STEM 教师驻校培养的实施过程

(一) 驻校师范生申请人的筛选

STEM 驻校师范生的筛选工作由驻留地区教育部门和教师培养机构合作开展，以确保驻校教师满足当地中小学的招聘需要。驻校项目的宗旨是不仅要为驻留学校招募到足够数量的 STEM 教师，还要满足教师队伍种族与性别多样化的需求，对女性或有色人种的申请人会优先考虑。STEM 驻校项目对于申请人的学术资格也有具体要求，比如印第安纳 STEM 教师驻校计划申请人必须满足如下条件：学士学位或同等学力，平均绩点至少为三(3.0)，学科成绩评定为四分(4.0)制，申请执教 STEM 学科领域的课程学习成绩得到学院或大学认证。(获得学位后，不得为了提高整体 GPA 而重修课程)。申请人需要提交的材料有：(1)官方认可的成绩单。(2)申请目的陈述：300~500 字的短文，阐明该计划将如何帮助申请人实现教育职业目标。(3)简历。(4)3 封推荐信(申请时需要推荐人姓名和电子邮箱)。(5)国际学生需要提供英语水平证明和工作授权。STEM 教师驻校计划的申请程序通常有三个步骤：一是通过网络提交申请表(可以参照 STEM 教师驻留计划的申请说明)；二是申请成绩单评估和学历审查；三是资格审核通过之后，申请人将参加由驻留学校教师安排的现场或网络面试。

为了网罗一流的候选人，驻校项目通常会对教师候选人采用严格的选拔标准。联邦教师质量伙伴关系计划协调中心(Teach Quality Partnership, TQP)通过调研发现，驻校项目候选人通常具有以下特征：扎实的学科知识或出色的专业课程成就，强大的口头和书面沟通技巧，以及适合从教的思想品质。

（二）驻校师范生的培训内容

STEM 驻校教师模式就是要弥补传统教师培养模式中师范生执教能力训练不足的缺陷，着重培养他们的实践教学经验，为师范生将专业知识运用到课堂实践提供反复练习的机会。因此，师范生在驻校一年的培训内容主要包括现场教学经验训练以及大学里学科教学知识的学习。

1. 现场教学实践

STEM 驻校师范生在实践培训上所花时间相比传统大学培养模式或替代性的准备项目来说要多得多，例如，驻校项目要求教师候选人接受至少 900 小时的职前实践教学准备，而传统的大学模式标准是在 400~600 小时，替代认证项目则很少或根本不为候选人提供教学实习机会。驻校师范生在教学实习的前半年时间，每周至少 4 天都要在专家教师指导下观摩课堂教学，丰富积累教学经验，为以后承担更多的教学责任做好准备。

STEM 驻校师范生的教学实践是分阶段逐步推进的，秋季学期的 9 至 10 月份主要是熟悉课堂及学生情况，11 月起则在专家教师的指导下逐渐开始参与教学实践活动，比如反思课堂管理策略、采用创新途径促进有效教学、讨论教学如何满足学生需求、评价学生进步情况等。到春季学期，驻校教师将承担一半的教学工作量。每年 1 月，驻校师范生还将参加一个为期两周的全天性集中培训。驻留学校会对驻校教师的教学实习表现进行中期考核，要求驻校师范生总结、分析前半学年的得与失，并制订后半学年的学习计划。考核结果归入驻校师范生的个人档案。驻校师范生的个人档案是判定驻校师范生实习结束后是否有资格获得硕士文凭的主要依据。档案以获得有效教学能力是否达成这一目标为评判标准，不仅包括"驻校师范生在大学修读课程的成绩，还包括任教课程计划、教学实践视频和学生学业评价等内容"。

2. 学科教法课程

驻校项目的专业课程学习与临床教学经验紧密结合。专业课程主要由驻校项目合作大学的 STEM 学院以及教育学院的学科教学专家设计和讲授。课程学习的内容包括学科知识、教学法和课堂管理。STEM 学科知识课程主要分两大类：数学与科学(物理、化学、生物)课程。数学与科学专业的基础课程，教师候选人在大学本科阶段都已经修习，驻校期间的学科知识课程主要是关于 STEM 的学科教法课程，比如数学、科学等学科的专业知识教育课程，学科专家与师范生一起思考如何设计主题活动让学生将学科知识运用于生活中真实问题的解决。

STEM 教学法的课程除了训练驻校师范生掌握所必备的阅读、写作、倾听、语言艺术等技能之外，还有一项特别重要的教学法课程，即 STEM 学科整合方法课程，驻校师范生得学会整合两个或更多学科的概念、原理、方法和技术工具，以及加深对复杂主题的理解(例如城市如何发展、气候如何变化、如何制作新的媒体艺术)。驻校师范生需要学习的课堂管理课程有教育心理学、教师领导力、教师道德等课程，帮助驻校师范生了解学生个性特点与心理特征，运用有效的沟通策略，营造宽容和谐的学习氛围。

(三)指导教师招聘与选拔

STEM 驻校项目设计的初衷就是要整合利用优质教育资源为未来的 STEM 教师提供高质量的职前培训，因此，驻校师范生的指导教师招聘与选拔标准也极严格。公立中小学的资深教师如果想申请担任驻校师范生的指导教师，需要满足如下这些条件：有 3 年的教学实践经验；持有教师资格证；具有先进的教学理念和卓越的教学能力，并且具备专业反思的意识，能够与驻校师范生合作教学并提供反馈信息，对他们进行有益的指导。驻校导师的筛选过程通常包括面试和学术能力展示，比如导师的学术成果或教学演示，以及其他综合素质的考量，通常要求申请者善于沟通、心态开放，具有协作精神以及热心教学等个性品质。优秀的指导教师应该是全能型选手，能够在课堂教学中扮演各种角色(见表 6-3)，有效促进驻校师范生的专业技能形成。为了提高指导教师的专业能力，驻校教师项目要求每一位指导教师必须参加每年夏季的教师专业发展培训。有学者对 30 个教师驻校项目进行研究发现，指导教师通过该项目平均接受了 37 个小时的培训。

表 6-3   驻校导师扮演的多种角色

指导教师扮演的角色	工 作 职 责
临床教师	为师范生在课堂环境如何应用理论知识提供实践指导
高效能教师	重点关注学生的学习及学业成就，有效地促进高水平学业成就，理解有效实践的理论基础，示范良好的教学实践，参与学区的课程改革
指导教师	有目的地开展促进性、协作性、启发性、睿智性的指导工作。熟练使用数据收集工具提供建设性反馈和反思的机会。具备使教学思维通俗易懂的能力
评价者	评估与建设性反馈
学习者	开展反思性、开放性的对话，审视作为导师与教师双重角色的教学实践
教师领导	加入学校内外的专业学习社群，致力于学校改革

数据来源：Urban Teacher Residency United(2013). Mentors in the Urban Teacher Residency Model Selectivity and Performance Data from UTRU Network Impact Reports.

(四)驻校师范生的同伴互助

STEM 驻校培训项目中心为了确保教师候选人获得更好的专业支持，还将他们分成不同的小组序列，驻校师范生一般以大学修读课程或驻留学校为纽带组建学习小组，以此形成一个规模强大的同伴支持网络，并促进新手教师和熟手教师之间的合作。学习小组通常以研讨会的形式展开 STEM 教学研究活动，研讨主题通常包括 STEM 教育热点话题、课程资源开发设计、教学活动组织和学生表现评估等，有时候还有新手教师自身的教学反思以及熟手教师的经验分享。

驻校项目在 STEM 教师职前培养阶段，通过创建同伴支持的专业学习共同体，交流分享经验，营造专业氛围，极大地提高了 STEM 教师职前培养的身份认同感和心理归属感。在一项关于驻校师范生项目的调查中，"73%的教师候选人表示，他们在加州大学洛杉矶分校参加的每周研讨会让他们收获甚多，不仅可以在紧张的教学实习中与同行建立牢固的关系，还能获得来自他人的肯定与支持"[26]。

(五) 驻校师范生的经济补助

STEM 专业的毕业生拥有更大可能性找到高薪职业,据美国劳工局的数据,2020 年 STEM 职业的年薪中位数为 55000 美元,非 STEM 职业的年薪中位数为 33000 美元。[27]但美国近些年来的经济低迷形势使得许多高校 STEM 学生的求学之路颇艰难,他们希望通过完成服务公益事业的承诺来换取学费的减免。因此,驻校项目不同于大多数传统或替代的职前培养项目,其资金筹措的主要目的就是期望以财政激励的方式来吸引来自不同背景和拥有丰富经验的高质量候选人,同时为他们提供充足的职业准备机会。这些激励措施包括生活津贴、学费减免或交通补贴,以换取驻校师范生在特定时间内完成对该地区的教学服务承诺,通常为 3~5 年。驻校项目通常还为合作学校的指导教师提供不同额度的补贴,从 1000 美元到 3000 美元不等(见表 6-4)。

表 6-4　　　　　　　　　加州教师驻校项目的津贴补助　　　　(货币单位:美元)

项目名称	年份	招生名额	师范生津贴	指导教师津贴	其他支持
洪堡县驻校项目	2019—2020	26	18127~25635	3000	10000 美元学费减免+暑期班补助
桑格驻校项目	2016—2017	10	15000	2000	4000 美元学费减免+笔记本电脑
克恩驻校项目	2016—2017	25	15000~18000	1500~3000	3000 美元交通费补贴+代课津贴★
弗雷斯诺驻校项目	2013—2014	52	11500~15000	1000	笔记本电脑+代课津贴

数据来源:Cathy Yun and Karen DeMoss(2020). Sustainable Strategies for Funding Teacher Residencies. http://learningpolicyinstitute.org/product/strategies funding-teacher-residencies-california.

★代课津贴:指师范生每周可以代课一天,代课费约为每天 115~135 美元。

一项跨区域的驻校项目研究指出，驻校项目对师范生的培训和硕士学位的贡献在 1 万美元到 3.6 万美元之间。不同类型的驻校资助和支持，如津贴和学费补偿，也各不相同。如果学费减免比例较高，那么生活津贴通常就会较低。例如，洛杉矶驻校项目的师范生在 12 个月的培训期间获得 25000 美元的津贴，但自己还得负责大学所有课程的学费，补缴用助学贷款或奖学金抵扣之后的剩余费用。[20]驻校培养项目的学费减免或经济补助可以很大程度上缓解学生面临的不断上涨的教育成本压力，而且还能使他们在职业选择上作出理性的选择。

四、STEM 教师驻校培养计划的成效反馈

美国联邦政府推出 STEM 教师驻校培养项目不仅是解决美国公立中小学 STEM 师资缺乏的窘况，更是希望借助此类项目来推动全美教师教育模式的创新改革，为培养更多高质量的 STEM 教师探寻多种可能性。从美国各州反馈的数据来看，驻校培养项目的推行已经取得了良好的实施效果。

（一）构筑了 STEM 教师培养的职业通道

美国政府希望驻校培养项目作为推动教师教育系统变革的一种手段，即驻校培养项目不仅要帮助薄弱社区解决 STEM 教师招聘和保留的挑战，而且还试图通过驻校培养这种途径，将 STEM 教师的职前培养、入职指导与在职专业发展贯通起来，形成一个生生不息的优质教师供应循环。新手教师在顺利完成他们的驻校项目后，他们更愿意在未来的职业生涯中担任导师，为后续的驻校师范生提供专业支持。这样就形成了一个新手教师、资深教师不断交替循环的教师培训系统，这个完整的循环正在为数以万计的 STEM 教师职业准备和持续专业发展创造一个强大的实训基地。

驻校培养模式的最大成功之处在于帮助教师候选人消除了新手入职的恐惧感，在专家教师的悉心指导下，掌握了初步执教的专业技能，增强了选择教师职业的信心，因此，高质量的入职指导能有效提高新教师的留任率。美国城镇学校平均大约有 50% 的教师在入职后的前三年就离开了教师岗位，但关于波士顿驻校教师项目的一项调查显示，入职三年后仍有 83% 的驻校师范生留在波士顿公立学校工作。驻校培养不仅帮助新手教师顺利入职，还将继续促进他们的专业发展，

较好地改变了传统教师培训模式下新教师大量流失的局面。

(二) 满足了 STEM 教师队伍人才多样化发展需求

STEM 教师驻校培养项目不仅要为美国中小学培养更多优质教师,还要满足教师群体多样化的发展需求(例如,吸引更多的有色人种候选人),这也是适应多元文化背景下少数族裔学生不断增加的教学需求,同一族裔的教师会让学生产生信赖-亲近之感,也更容易激发他们学习 STEM 的兴趣。驻校教师的申请人筛选过程中对于有色人种教师也会优先考虑,从美国驻校教师中心 2019 年的年度影响报告来看,目前,62%的驻校教师是有色人种,而全国新教师中只有 22%是有色人种。此外,西班牙裔或拉丁裔的驻校教师比例为 29%,而全国教师中西班牙裔只占 9%,黑人或非洲裔美国人的驻校教师比例为 37%,而全国仅只有 7%。[28]

STEM 教师的驻校项目在全国范围内不断推进,通过改变学校和地区教师培养渠道来为有色人种学生、贫困学生和历史上来自边缘化社区的学生提供服务。国家驻校教师培养中心还特意招募有色人种的专家导师,42%的驻校导师是有色人种。因此,有色人种的驻校教师和导师能够更好地了解他们所在社区的需求,针对不同族裔的学生群体提供文化适应性的教育。

(三) 搭建了第三空间弥合 STEM 教师培养中理论与实践的鸿沟

传统 STEM 教师职前培训存在的理论与实际脱节问题主要是源于美国历史上占主导地位的职前教师培养的"理论优先"模式的影响,认为未来的教师应该在大学里先学习理论,然后再去学校实践或应用他们所学到的东西。显然,这种理论优先模式的职前培养观念已经遭到许多质疑与批判,人们认为新时代教师工作的复杂性与多面性需要职前培养以一种更兼容整合的方式来加强教师候选人理论与实践知识的融合转化。

美国国家科学委员会在 2020 年发布的一份报告《改变对 K-12 教师队伍的期望》中阐述道,驻校培养项目可以为 STEM 教师候选人的教学实习创造一个第三空间,以培养有效教学能力为鹄,将大学里的教师教育工作者、中小学的实践者、教师候选人以一种弱等级的方式联系在一起,采取更平等兼容的方式为教师候选人提供理论与实践相融合的学习机会。候选人可以利用第三空间，将大学里习得的 STEM 专业知识运用到中小学课堂实践，并将实践中遇到的困惑与疑难向驻留学校的指导教师以及大学里的学科教学专家寻求专业支持，在不断反思成长的过程中获得学识与专业判断力。

(四) 助力 STEM 专家教师与新手教师共同成长

STEM 教师驻校培养是一种资深教师与新手教师均能受益的专业成长模式，资深教师指导新手教师之前还要接受大学教育学院学科教学法教师的专业培训，以增强他们指导驻校教师的能力。在 STEM 新手教师驻校期间，指导教师还会接受定期的专业培训与现场支持。为了确保驻校教师指导工作的连续性，资深教师还需要对自己的工作成效进行自我反思与评估，主要从以下四个方面来检查落实指导工作：(1)为驻校教师成长创造和维持有效环境。(2)设计课堂教学。(3)提升自己的专业技能，理解并支持驻校生的专业发展。(4)发展为教师领导者。

资深教师在指导新手教师成长的过程中也能促进自身的专业能力提升，教学相长的过程中完成施教者与受教者的共同成长。对驻校项目的研究发现，完成驻校教师项目的新教师觉得自己已经为 STEM 教学做好了充分的准备，学校管理者则认为他们比其他途径培养的新教师更优秀。驻留学校工作的专家教师也谈到了专业发展、行动研究和指导新手教师给他们自己教学实践中带来的可喜变化。2015 年的 NCTR 导师调查报告中，有 94% 的导师说，指导驻校教师使自己成为一名更优秀的教师。[29]

(五) 有助于改进学生的 STEM 学业成就表现

STEM 驻校培养项目的实施效果还体现在新手教师入职后对 K-12 阶段学生学术成就的影响上。教师的质量影响学生的学业表现，教师指导也会影响学生未来的职业选择和规划。从后续的追踪数据来看，STEM 驻校项目毕业生所教授的学生学业表现更优异。2015 年的一项研究纽约亨特学院教师驻校项目新愿景的结果发现，纽约市驻校教师对学生成绩影响的比较存在统计分析显著性差异，在纽约州政府举行的数学年度考核中，驻校教师指导的学生考试分数优于其他渠道培养的新手教师指导的学生，22 名驻校教师中的 16 人(73%)表现优秀，由 STEM

驻校教师指导的学生在生活情境中问题解决能力的测试中得分更高，其次是综合代数和化学。[30]

  驻校项目实施的目标不仅限于招募更多的 STEM 教师候选人进入 STEM 教育行业，培养合格的 STEM 教师，还包括通过 STEM 教师在教学过程中引导更多的学生进入 STEM 相关领域。研究表明，一名驻校教师项目培养的 STEM 教师在职业生涯中将影响至少 350 名学生未来进入 STEM 领域，为美国的科技创新输送更多人才。教师对学生的影响是持续而长久的，需要更多实证研究数据来佐证优秀的 STEM 教师对学生的学业成就所起的促进作用。

参考文献

[1] U. S. Department of Education Office of Postsecondary Education. Preparing and Credentialing the Nation's Teachers(2021). https：//title2. ed. gov/Public/Title_ II_Secretary's_ Report _508. pdf.

[2] UTeach for Texas. Application Process. https：//live-uteach-texas. pantheonsite. io/application.

[3] UTeach Natural Sciences. UTeach National Expansion (2021). https：//institute. uteach. utexas. edu/sites/default/files/UTeach-National-Snapshot-Spring-2021. pdf.

[4] UTeach Institute. Shaping National STEM Success. (2019). https：//institute. uteach. utexas. edu/sites/default/files/UTeach-Shaping-National-Success-Fall-. pdf.

[5] UTeach STEM Educators Association. USEA Strategic Plan(2017). https：// usea. uteach. utexas. edu/sites/default/files/usea-strategic-plan-oct-2017. pdf.

[6] Teach Away. Alternative Teacher Certification. https：//www. teachaway. com/ alternative-teacher-certification. 2023-05-12.

[7] Yijie Zhao. Alternative teacher certification for science teacher. https：//files. eric. ed. gov/fulltext/ED491683. pdf.

[8] Ingersoll, R. M. (2003). Is there a shortage among mathematics and science teachers? Science Educator, 12(1), 1-9.

[9] Darling-Hammond, L., Sykes, G. (2003). Wanted：A national teacher supply

policy for education: The right way to meet the "highly qualified teacher" challenge. Available: http: //epss. asu. edu/epaa/v11n33.

[10] National Commission on Excellence in Education. A Nation at Risk: The Imperative for Educational Reform. https: //www. journals. uchicago. edu/doi/ 10. 1086/461348. April 1983.

[11] [12] [15] U. S. department of education. Alternative Routes to Teacher Certification. https: //files. eric. ed. gov/fulltext/ED502102. pdf.

[13] [14] Laudan Y. Aron The Urban Institute. An overview of alternative. http: // www. ncee. org/wp-content/uploads/2010/04/OverviewAltEd. pdf.

[16] Laura McPherson. Alternative Teacher Certification Guide. https: //www. teacher certification degrees. com/alternative.

[17] Steven Glazerman(2006). Alternative Routes to Teaching: The Impacts of Teach for America. Journal of Policy Analysis and Management, 25(1): 75-96.

[18] Daniel. C. Humphrey. Characteristics of Public School Teachers Who Completed Alternative Route to Certification Programs. https: //www. sri. com/wp-content/ uploads/2021/12/effective-alt-cert-programs-characteristics. pdf.

[19] [20] [21] NCTR. What We Do. https: //nctresidencies. org/.

[22] NCTR. OurImpact. https: //nctresidencies. org/nctr-network/impact-results/.

[23] Heather Lynn. "Mentor preparation: A Qualitative Study of STEM Master Teacher Professional Development. https: //eric. ed. gov/? q=a&pg=7952&id=ED569767.

[24] [25] National Center for Science and Engineering Statistics. Teachers of Mathematics and Science. https: //ncses. nsf. gov/pubs/nsb20211/teachers-of-mathematics-and-science. 2022-04-12.

[26] Dockterman, D. 2010-15 Impact Surveys: Cohorts I-IV, Final Findings. https: // nctresidencies. org/resource/urban-teacher-residency-united-measuring-utru-network-program-impact-2014/.

[27] Silva, T., McKie, A., Knechtel, V., Gleason, P., and Makowsky, L. (2014). Teaching Residency Programs: A Multisite Look at a New Model to Prepare Teachers for High-Need Schools [J]. The International Journal of

Learning, 16(9): 41-48.

[28] U. S. Department of Education, Institute of Education Services, National Center for Education Statistics. Number and Percentage Distribution of Teachers in Public and Private Elementary and Secondary Schools, by Selected Teacher Characteristics: Selected Years, 1987-1988 through 2017-2018. https: // nces. ed. gov/programs/digest/d19/tables/dt19 _ 209. 10. asp.

[29] National Center for Teacher Residencies(2016). 2015 Network Impact Overview: National Center for Teacher Residencies. Chicago, IL: National Center for Teacher Residencies.

[30] National Center for Teacher Residencies. NCTR Annual Report. Chicago. https: //nctresidencies. org/wp-content/uploads/2021/01/NCTR-Annual-Report-December-2020-FINAL. pdf.